OÙ COMMENCE
LE RACISME ?

Marylin Maeso et Norman Ajari

OÙ COMMENCE LE RACISME ?

Désaccords et arguments

Entretiens menés et propos recueillis
par Martin Legros

PHILOSOPHIE
MAGAZINE
ÉDITEUR

Éditrice : Julie Davidoux
Conception graphique – PAO : Nord Compo
Couverture : William Londiche
Crédit couverture : © Allec Gomes

Merci à Batiste Morisson et Caroline Pernes pour leur participation à la retranscription des entretiens, et Stefania Gherca et Aude Marguier pour le lexique et le panorama.

10, rue Ballu – 75009 Paris
www.philomag.com
contact@philomag.com
ISBN : 978-2-900818-25-1
Diffusion et distribution : Harmonia Mundi Livre

Sommaire

Préface

« Un spectre hante l'Europe : le spectre du racisme [...]. Quelle opposition n'a pas été accusée de racisme par ses adversaires au pouvoir ? Quelle est l'opposition qui, à son tour, n'a pas renvoyé à ses adversaires de droite ou de gauche l'épithète infamante de racisme ? » La formule choc que Marx et Engels utilisaient, en 1847, en ouverture du *Manifeste du parti communiste*, peut aisément être reprise aujourd'hui. Le spectre du racisme hante le début du XXIe siècle, différemment mais aussi puissamment que celui du communisme au début du XIXe siècle. Et « l'épithète infamante » est au cœur de toutes les polémiques et de tous les débats, qu'il s'agisse de la loi sur le voile, du sort différencié réservé aux réfugiés ukrainiens et aux migrants, de la politique de la France en Afrique, ou du contournement de la carte scolaire dans les quartiers difficiles.

On croyait pourtant s'être débarrassé de la « bête immonde » au sortir de la Seconde Guerre mondiale, de la Shoah et de la décolonisation. Les meilleurs esprits s'étaient évertués à démontrer l'inanité du concept même de race et à refonder l'égale dignité des individus et des peuples, participant chacun d'une humanité commune. Et les militants de l'antiracisme s'étaient rassemblés, au lendemain de l'abolition de l'apartheid et des marches pour l'égalité, autour de l'idéal d'intégration et de fraternité. Et puis, peu à peu, tout se passe comme si ce mouvement général et cette ambition partagée s'étaient enraillés. Certes, la discrimination raciale, la xénophobie et l'antisémitisme persistaient dans toutes les franges des sociétés. Et l'extrême droite n'avait pas disparu. Mais la lutte contre ces fléaux, les valeurs communes au nom desquelles l'engager, et les voies et méthodes pour y parvenir paraissaient évidentes. Un certain idéal humaniste et universaliste régnait dans les esprits. Et, de cet horizon d'attente partagé, tout le reste semblait découler, de l'identification des menaces aux modes d'action. Aujourd'hui, cet édifice idéologique et stratégique a éclaté.

L'âge du « racisme sans race »

Dans l'ordre des événements d'abord : alors qu'une guerre de (re)conquête impériale fait rage aux portes de l'Europe au nom de la « lutte contre le nazisme », en Europe même, le nationalisme et le populisme xénophobe sont de retour, brandissant une pseudo-théorie du « grand remplacement » des populations autochtones par les migrants ; les populations juives sont à nouveau prises pour cibles d'agressions et d'attentats tandis que les descendants d'immigrés, souvent musulmans, se sentent stigmatisés au nom de la laïcité et que les Noirs et les Arabes se perçoivent encore souvent comme des citoyens de seconde zone, objets de discriminations au faciès pour accéder au logement, à l'emploi, ou pour circuler librement. De l'autre côté de l'Atlantique, dans une Amérique encore largement dominante idéologiquement, après la parenthèse marquée par la victoire de Barack Obama, premier président noir des États-Unis, l'accession au pouvoir de Donald Trump, porteur de la revanche des mâles blancs, doublée des violences policières contre la population noire, a marqué une prise de conscience mondiale de l'héritage de l'esclavage et de la persistance de ce qu'on appelle le « suprémacisme » blanc.

Dans l'ordre idéologique, un retournement capital s'est également opéré. Au-delà de la multiplication des polémiques et des controverses, la grammaire fondamentale du racisme et de l'antiracisme s'est brouillée. D'abord, l'effondrement du mythe pseudo-scientifique de l'inégalité biologique des races n'a pas entraîné la fin du racisme. Libéré de la biologie, il s'est culturalisé. « Il serait vain, avait écrit Claude Lévi-Strauss, dans sa célèbre contribution pour l'Unesco de 1952, d'avoir consacré tant d'efforts à montrer que rien, dans l'état actuel, ne permet d'affirmer la supériorité ou l'infériorité intellectuelle d'une race par rapport à une autre, si c'était pour restituer subrepticement sa consistance à la notion de race, en paraissant démontrer que les grands groupes ethniques qui composent l'humanité ont apporté, en tant que tels, des contributions spécifiques au patrimoine commun » (*Race et Histoire*, Gallimard, 2007). Nous y sommes. L'extrême droite ne se fonde plus sur la biologie, sur la génétique ou sur le QI pour asseoir la supériorité intellectuelle ou civilisationnelle des Blancs, et elle ne recourt même plus au principe hiérarchique. C'est dorénavant au nom de la différence et de l'égalité, de l'égale différence des cultures et de leur « contribution spécifique au patrimoine commun », comme disait Lévi-Strauss, que l'on s'emporte aujourd'hui contre la menace du métissage, de la migration ou de la crise démographique. « Le thème dominant n'est pas l'hérédité biologique mais l'irréductibilité des différences culturelles », écrit le philosophe Étienne Balibar*, à qui l'on doit l'hypothèse d'« un racisme sans race » (*Race, nation, classe. Les identités ambiguës*, avec Immanuel Wallerstein, La Découverte, 1988).

Le racisme antiraciste

Mais, dans le camp d'en face également, une profonde recomposition idéologique a eu lieu. Déliée de son ancrage biologique, définie comme une « construction sociale et historique », l'idée de race n'est plus du tout taboue non plus dans l'antiracisme. Elle est même assumée et investie comme un outil critique légitime. Dans le champ intellectuel et militant, on disserte sur la « racisation » et on parle sans réserve des « racisés ». Tandis que dans la vie sociale, chacun est invité à se penser et à s'affirmer devant les autres « en tant que » Noir, Blanc, Arabe, Asiatique, Juif, mais aussi homme, femme, transgenre, ou autre, au lieu de faire semblant d'être un individu abstrait, sans genre et sans identité. Car, nous dit-on, les discriminations entre le genre et le sexe se recoupent – c'est le sens du concept d'« intersectionnalité » introduit par la juriste américaine Kimberlé Crenshaw*. Et seuls les « mâles blancs » peuvent évoluer dans la vie sociale en faisant abstraction de leur identité, tout en bénéficiant des privilèges qu'elle leur procure, eux qui ont réussi à faire croire que leurs traits particuliers se confondaient avec l'universel... Pour renverser ce marché de dupes, les minorités visibles sont donc invitées à « prendre conscience » de toutes les discriminations larvées, mentales et culturelles autant que sociales et économiques, qui se dissimulent et s'entretiennent à l'ombre de cette cécité à la couleur ou au genre.

C'est tout le sens du « wokisme » : s'éveiller, prendre conscience en toute situation de l'inconscient racial qui est censé structurer, de manière « systémique », les relations sociales. Indépendamment de ce que disent, pensent, veulent ou font les individus, ils sont pris dans cette structuration raciale qui distribue les rôles et les places. Et il s'agit d'abord de « conscientiser » les individus à leur identité raciale. Cependant, en invitant chacun à affirmer son identité, ne sommes-nous pas conduits à essentialiser les individus qui s'en revendiquent ? En parlant de plus en plus « en tant que », ne bascule-t-on pas dans une forme de séparatisme qui enferme chacun dans les opinions et les stéréotypes de sa communauté d'appartenance ? Et en assumant stratégiquement le poids de la race plutôt que de rêver à son abolition, ne risque-t-on pas de donner raison aux racistes, en relégitimant l'existence des races ? En 1948 déjà, dans un texte resté confidentiel, Jean-Paul

Sartre défendait la possibilité d'un « racisme antiraciste ». « C'est, affirmait-il, le seul chemin qui puisse mener à l'abolition des différences de race » : « insulté, asservi, il [le Noir] se redresse, il ramasse le mot de "nègre" qu'on lui a jeté comme une pierre, il se revendique comme noir, en face du blanc, dans la fierté » (« Orphée noir », préface à l'*Anthologie de la nouvelle poésie nègre et malgache de langue française*, de Léopold Sédar Senghor). Aujourd'hui, la proposition sartrienne semble avoir été pleinement entendue. L'entre-soi « racial » est devenu une valeur positive : certains militants revendiquent pour les personnes issues des minorités visibles de pouvoir se réunir dans des espaces « non mixtes », certains étudiants d'avoir accès à des espaces *safe* où ils ne sont pas confrontés à des œuvres qui mettent en scène des violences à l'égard de leurs semblables ; des lecteurs réclament de voir les ouvrages du patrimoine expurgés des traces de discriminations et d'offenses passées qui pourraient les heurter ou dénoncent dans certaines pratiques culturelles, comme le fait de se grimer en noir ou de porter des kimonos ou des grandes boucles d'oreilles, des formes d'« appropriation culturelle » héritées de l'esprit colonial. Au-delà de ces polémiques, ce sont un récit, un lexique et un idéal normatif nouveau qui sont brandis par la jeune génération de théoriciens et de militants de l'antiracisme… et qui suscitent la perplexité du grand public. Quand on se met à compter systématiquement le nombre de Noirs ou d'Arabes présents dans une audience, quand on invite des femmes de couleur à ne pas dénoncer les agressions et les violences qu'elles peuvent subir de la part des hommes de leur propre communauté pour ne pas renforcer les préjugés qui les visent, quand on tend à ignorer l'antisémitisme grandissant dans les quartiers sensibles au nom de la hiérarchie des luttes, est-ce qu'on combat plus efficacement contre le racisme ? Ou est-ce qu'on le reconduit ? Admettons-le : pour la plupart d'entre nous, dans tous ces débats, il est de plus en plus difficile de savoir où passe la ligne rouge du racisme. Où commence-t-il ? Dans l'usage du terme « race », quels que soient la motivation de ceux qui l'invoquent et le sens qu'ils lui donnent ? Ou dans la culture du mépris et de l'offense à l'endroit d'une communauté dont l'idée de race a longtemps été le vecteur, mais qui emprunte peut-être aujourd'hui d'autres canaux d'expression ? N'arrive-t-il pas de plus en plus souvent que le racisme soit mobilisé par ceux-là mêmes qui prétendent le combattre ? Le conflit sur ces questions n'oppose donc plus seulement racistes et antiracistes. Il divise chacun d'entre nous, nous confrontant à un débat intérieur incessant.

Renouer le fil du débat

Dans l'espace public, ce débat fondamental est cependant peu ou mal pris en charge. La plupart du temps, il laisse place à des invectives entre les partisans des différents camps en présence – universalistes républicains *vs* identitaires wokes par exemple. Et les protagonistes prennent rarement le temps de s'écouter, de croiser leurs arguments pour déterminer ce qui les oppose vraiment. C'est pour remédier à cette absence de débat véritable sur une question centrale de notre temps que nous avons décidé de mettre en place la conversation que vous allez lire. Elle n'oppose pas des adversaires ni des idéologues, mais deux jeunes philosophes, engagés de longue date dans la lutte et la réflexion sur le racisme, à partir d'horizons et d'expériences sensiblement différents. Comme ils nous le racontent en ouverture de leurs échanges, Marylin Maeso et Norman Ajari appartiennent à la même génération, celle des attentats terroristes, de la montée de l'islamisme et de l'extrême droite, des débats autour du voile, mais aussi du retour des identités dans le débat public. Alors même qu'ils ont été confrontés à l'expérience concrète du racisme dans leur histoire personnelle, ils ont mis du temps à s'en saisir, parce que la question semblait réglée intellectuellement. Et qu'il leur a fallu de la patience pour débusquer et analyser ses nouveaux modes d'expression, ses mutations.

Grande lectrice de Camus, dont elle a renouvelé la lecture en l'arrachant à sa réputation de « philosophe pour élèves de terminale », juive marquée très tôt par l'antisémitisme, Marylin Maeso, qui est engagée dans une association travaillant à l'intégration des jeunes en difficulté, n'a cessé de prendre position, au travers de ses essais et de ses tribunes dans la presse, contre le fanatisme et la xénophobie. Inquiète de la concurrence victimaire qui oppose les communautés juive, arabe et musulmane, vigilante à l'endroit des nouvelles formes d'antisémitisme ou d'homophobie qui gangrènent les jeunes d'aujourd'hui, elle s'inspire de Frantz Fanon*, mais aussi de Sartre, Ricœur et Merleau-Ponty pour penser un nouvel humanisme, ouvert aux identités mais ne renonçant pas à l'universel.

Norman Ajari a un parcours tout aussi singulier. Né aux États-Unis d'un père nigérian et d'une mère française, élevé dans une région, la Moselle, encore marquée par la Seconde Guerre mondiale, engagé très tôt au sein du mouvement radical des indigènes de la République, il a mis du temps à faire de la question raciale qui est au cœur de son itinéraire un objet de réflexion philosophique. Aujourd'hui, inspiré par la « théorie critique de la race » et la pensée décoloniale, il s'attache à ressortir de l'oubli les figures de la pensée noire francophone et à théoriser le projet du *panafricanisme*.

Ils avaient déjà croisé le fer dans *Philosophie magazine* à l'occasion d'un dossier qui portait justement sur le racisme, en 2020. Mais parce que nous avions le sentiment que cette discussion, qui avait été frontale et amicale, méritait d'être relancée et approfondie, nous leur avons proposé de se retrouver. Au cours de cinq grandes conversations de plus de deux heures, qui se sont tenues l'hiver dernier, ils se sont donc raconté leur itinéraire, ont partagé leur expérience des événements qui ont forgé leur conscience politique et leurs convictions – du 11 Septembre jusqu'à *Black Lives Matter* en passant par les attentats de 2015 –, avant d'essayer de cerner ensemble les nouveaux visages du racisme contemporain. Pourquoi le racisme revient-il comme une « peste » au sens de Camus ? Et comment l'objectiver ? Tient-il aux agressions et aux attentats dont sont victimes, en plus grand nombre, les Juifs ? Ou tient-il à l'espérance de vie diminuée dont souffrent davantage les Noirs ? Peut-on parler d'islamophobie à propos de la loi interdisant le voile à l'école ? Et le Noir est-il produit par la négrophobie, comme Sartre le pensait du Juif, produit par l'antisémitisme ? Le grand intérêt de leur conversation est de remonter des grandes polémiques que l'on connaît – sur le voile et la laïcité, les attentats islamistes, l'affaire Mila – vers le fond des questions. Et de nous révéler en chemin des évolutions idéologiques surprenantes : en revenant, par exemple, sur les étonnantes « justifications » d'un Payton Gendron, tueur de masse inspiré par la théorie du « grand remplacement », qui distingue les *soft targets* (les « Noirs ») des *hard targets* (les « Juifs »).

Nos deux interlocuteurs nous font aussi et surtout (re)découvrir un paysage intellectuel passionnant, fait de désaccords fondamentaux entre Sartre, Camus et Fanon par exemple, ou de réponses successives à une même question, comme le cheminement qui va de Lévi-Strauss à Étienne Balibar. Sans compter l'évocation des grands auteurs, souvent méconnus du grand public, de la pensée noire et décoloniale ou les concepts nouveaux de la « théorie critique de la race » – que nous avons d'ailleurs rassemblés dans un lexique et un panorama à la fin de l'ouvrage.

Mais ce qui est peut-être le plus stimulant dans cette suite d'échanges, c'est de voir deux jeunes intellectuels mettre à plat leurs désaccords et leurs convictions parfois tranchantes, sans jamais chercher pourtant à l'emporter sur l'autre. Jusqu'au bout, ils s'écoutent dans leurs divergences. Laissant à celui qui est le témoin de leur échange – ou qui les lit – le soin de peser la force de vérité de chacun de leurs arguments. À l'heure où la question du racisme suscite une polarisation de plus en plus vive de l'espace public, voilà qui fait du bien. Il est donc possible de ne pas être d'accord sans s'étriper. La pensée élargie serait-elle le meilleur rempart contre le spectre du racisme qui hante notre temps ? Voilà qui donne de l'espoir sur une question grave. Voilà en tout cas de quoi justifier un tel débat.

Martin Legros

Chapitre I

D'où parlez-vous ?

Expérience vécue et engagement militant

Marylin Maeso : J'ai été confrontée au racisme dès l'enfance. Je suis juive, mais j'ai grandi dans une famille catholique et mon arrière-grand-mère maternelle tenait souvent des propos antisémites devant moi. Il ne s'agissait pas de convictions idéologiques élaborées : je crois qu'elle répétait mécaniquement ce qu'on lui avait inculqué. C'est dans ses yeux, dans ses mots, que j'ai compris que j'étais juive… parce qu'elle martelait que je ne l'étais pas. Elle insultait ma grand-mère maternelle en raison de sa judéité, et elle nous répétait, à mon frère et à moi : « Ton frère et toi, heureusement, vous n'êtes pas juifs » ; « Ta mère non plus, heureusement, n'est pas juive ! ». Quand on est enfant, on n'a aucune idée de ce que cela signifie, bien qu'on en ressente la violence. C'est grâce à mes cours d'histoire au collège, notamment ceux portant sur la Seconde Guerre mondiale, que j'ai commencé à donner sens à tout cela. Et à me dire que mon arrière-grand-mère avait donc tort. Je dois ajouter que j'ai fait très tôt l'expérience de la violence. À l'âge de 7 ans, et cela a duré jusqu'à mes 10 ans, j'ai été abusée sexuellement. Je n'avais pas non plus les outils intellectuels pour appréhender et penser ce à quoi j'étais alors exposée. J'ai mis du temps à comprendre. Mais tout cela a fortement influencé, je crois, ma volonté de faire de la philosophie. J'avais un besoin viscéral de déchiffrer ce qui m'était arrivé, de penser la violence et d'interroger la parenté qui peut exister entre le racisme, l'antisémitisme et le sexisme. Avant d'être l'objet d'une curiosité intellectuelle, la domination, sexiste ou raciale, a été pour moi un enjeu vital. J'avais besoin de savoir ce qu'il m'était arrivé, et pourquoi cela m'était arrivé. Et j'ai réalisé, peu à peu, que ce n'était pas un accident, un événement strictement personnel ou privé. C'était quelque chose de structurel, qui a une dimension sociale et politique. C'est ce que la lecture de Sartre m'a permis de comprendre, bien plus tard.

Norman Ajari : Mon itinéraire biographique n'est pas aussi douloureux que le vôtre, mais il n'est pas pour rien non plus dans l'intérêt que je porte à la question raciale. Je suis né aux États-Unis, d'une mère française et d'un père nigérian. Ils ont quitté les États-Unis, d'abord pour la France, puis pour le Nigeria. Ma mère s'est séparée de mon père, et je me suis retrouvé à grandir avec elle dans l'est de la France, à la frontière allemande, dans une petite ville de vingt mille habitants, à Forbach, au cœur de la Moselle. Ce département, qui a été annexé à de nombreuses reprises par l'Allemagne, entretient une relation ambivalente avec ce passé. Mon arrière-grand-mère maternelle a changé six fois de nationalité au cours de sa vie et sa fille quatre fois ! Pendant la Seconde Guerre mondiale, la rue principale de Forbach, qui s'appelle aujourd'hui la rue Nationale, s'appelait « Adolf-Hitler-Straße ». C'était un endroit prospère à l'époque de l'exploitation des mines de charbon, des houillères du bassin de Lorraine, mais qui était en voie de désindustrialisation alors que j'y grandissais. Il y avait une population maghrébine importante, essentiellement des Algériens et des Marocains, qui avaient été « invités » ou « déportés » pour travailler dans les mines. Mais il n'y avait aucun Noir. J'étais le seul, ou presque, de la primaire au lycée. Évidemment, je n'ai pas toujours été bien traité. J'ai été insulté, attaqué, j'ai dû me défendre. Le député de Forbach est désormais un élu du Front national. Ce n'était pas le cas à l'époque, mais le spectre du nazisme et un racisme larvé ont toujours été présents chez les locaux aussi bien que chez les immigrés italiens, polonais... Il y avait une atmosphère bizarre, qui créait pour moi un sentiment d'étrangeté. J'avais des amis maghrébins, mais ils étaient parfois aussi virulents envers les Noirs que les Européens ! Dans ce contexte, j'étais une anomalie. Cela a créé chez moi une disposition affective particulière. J'ai toujours été extrêmement hostile au nationalisme sous toutes ses formes. Et je n'ai jamais véritablement adhéré à l'idéologie républicaine qu'on essayait de nous inculquer à l'école. C'était trop contraire à mon expérience quotidienne pour que je lui accorde du crédit. En 2005, lors de la publication du manifeste des indigènes de la République, qui dénonçait la persévérance du racisme et de l'esprit colonial dans la France républicaine, j'étais encore au lycée. En le lisant, j'ai pensé : « Oui, c'est exactement ça que je vis. » Il n'y avait pas une seule ligne à laquelle j'aurais été tenté de résister. Mais pendant longtemps, j'ai laissé ça de côté. J'ai fait des études de philosophie et je ne me suis pas particulièrement intéressé au racisme. J'ai étudié la pensée contemporaine, Derrida, Foucault et même Heidegger – à l'époque, je ne savais pas que c'était un nazi. J'étais attiré par la déconstruction. Cela devait être lié inconsciemment à mon désir de foutre en l'air toutes les expériences négatives que j'avais vécues.

Mais il a fallu attendre le moment de choisir un sujet de thèse pour que j'affronte vraiment la question. Un jour, je me suis levé en me demandant pourquoi je ne m'autorisais pas à travailler sur la question raciale qui m'habitait. J'ai eu la chance d'avoir un professeur de philosophie politique noir à l'université du Luxembourg : Lukas Sosoe. D'origine ghanéenne et jamaïcaine, doté d'une immense culture de l'histoire de la politique noire, c'est un homme d'une extrême bonté, très amusant, avec beaucoup d'esprit. Sur son conseil, je me suis d'abord inscrit aux théories de l'inégalité raciale, puis je me suis réorienté vers Frantz Fanon. J'ai finalement fait mes études doctorales à Toulouse, non à Luxembourg, mais le fait de côtoyer cette personne de confiance, qui savait de quoi je lui parlais, tout en prenant toujours cela avec le sourire et une grande ironie, m'a considérablement aidé. Je lui dois beaucoup, même si je ne crois pas le lui avoir dit.

MM : De la même manière que vous, j'ai mis un point d'honneur pendant longtemps à *ne surtout pas* travailler là-dessus. Je n'avais pas envie de soulever le couvercle et de prendre toute la mesure de ce qu'il recouvrait. Une fois qu'on a subi des violences de ce genre, il faut vivre avec, et c'est suffisamment compliqué à gérer. J'essayais donc de m'en tenir à des sujets de philosophie que je pensais pouvoir approcher comme un scientifique travaille un objet en laboratoire : avec distance. Mais au moment de choisir mon mémoire de master, j'ai travaillé sur *L'Homme révolté* de Camus ainsi que sur les débats entre lui, Sartre et Merleau-Ponty autour de la question de la violence dans l'histoire, de la justice révolutionnaire, etc. Cela a tout réveillé... Par des chemins de traverse, de manière non préméditée, j'avais déjà amassé, au cours de ma scolarité, toute une culture littéraire qui a contribué à aiguiser ma curiosité sur ces questions. Au lycée, en quatrième, ma professeure de français, qui ne savait pas que j'étais juive, m'avait demandé de lire *Il était un capitaine* de Bertrand Solet, un roman sur l'affaire Dreyfus qui permet de comprendre comment la mécanique antisémite se met en place, à la fois dans la tête des individus, dans leur représentation de l'Autre et dans les structures sociales qui mettent les Juifs à part. J'ai par ailleurs fait ma terminale au lycée français Charles-de-Gaulle à Londres où ma professeure d'anglais nous a initiés à toute une série de textes sur la violence coloniale. Elle nous a fait travailler sur le roman *Heart of Darkness* (*Au cœur des ténèbres*) de Joseph Conrad, fascinante plongée dans l'aventure coloniale en Afrique dont s'est inspiré le film *Apocalypse Now* en le transposant sur le théâtre de la guerre du Vietnam. Elle nous a également présenté la critique qu'en avait proposée l'écrivain Chinua

Achebe, en montrant que Conrad reconduisait en partie l'esprit colonial et le racisme qu'il prétendait dénoncer. J'ai prolongé son enseignement en lisant Maya Angelou*, activiste des droits civiques américains, notamment le premier tome de son autobiographie intitulé *I Know Why the Caged Bird Sings* (*Je sais pourquoi chante l'oiseau en cage*), ou encore les travaux de bell hooks*, la théoricienne du *black feminism*. La fréquentation précoce de ces auteurs m'a donné le goût de revenir aux textes, y compris quand ils sont « problématiques », comme on dit. C'est dans cet esprit que j'ai lu très tôt Edward Saïd, le théoricien de l'*orientalisme*, qui révèle l'image mythique de l'Orient que véhicule une bonne partie de la littérature française du XIXe siècle... Cela m'a inculqué un devoir d'attention. Avant, j'avais une vision assez passive de la lecture. J'ai réalisé qu'elle pouvait et devait même être *active*. Il doit y avoir un questionnement permanent, à la fois sur les enjeux soulevés explicitement par les textes et sur ceux qu'ils ne soulèvent pas, ce qu'ils disent sans le dire. Sur la même lancée, j'ai découvert le psychiatre, philosophe et militant anticolonial Frantz Fanon par le truchement de Sartre. On m'avait recommandé sa préface au grand livre de Fanon, *Les Damnés de la terre*. J'ai lu la préface en premier, puis en lisant le livre, je me suis aperçue qu'elle en dénaturait le contenu autant que l'approche. Quand on regarde la justification sans nuance du terrorisme par Sartre (« Abattre un Européen, c'est faire d'une pierre deux coups, supprimer en même temps un oppresseur et un opprimé : restent un homme mort et un homme libre ») et sa célébration presque jubilatoire de la violence, on s'aperçoit qu'on est très loin de l'analyse clinique du psychiatre Fanon et de sa volonté de comprendre, bien plus que de justifier, cette violence dont il sait les limites et le prix. Quoi qu'il en soit, voilà les auteurs qui ont forgé mon esprit sur toutes ces questions.

NA : Ma culture politique sur le racisme s'est forgée à l'épreuve d'événements, autant que d'œuvres ou de courants de pensée. Pour notre génération, je crois pouvoir dire qu'il y a deux événements fondamentaux. Les attentats contre les tours jumelles du World Trade Center, le 11 septembre 2001, et le passage de Jean-Marie Le Pen au second tour de l'élection présidentielle le 21 avril 2002. Le philosophe Bernard Stiegler en a d'ailleurs fait un livre intitulé *Aimer, s'aimer, nous aimer. Du 11 septembre au 21 avril*. Commençons par le 11 Septembre ! Je m'en souviens très bien. Je sortais du collège avec un pote, Stéphane. Un autre ami nous attendait à la sortie, il n'était pas en classe l'après-midi. « Putain, les gars, il faut absolument que vous veniez regarder la télé, nous a-t-il dit, il y a un truc de dingue qui est en train de se passer ! Des avions de ligne ont percuté des immeubles qui sont en train de s'effondrer en plein Manhattan ! » On est allés dans un magasin de jeux vidéo dans lequel on traînait souvent pour voir la suite du « film ». Comme tout le monde, nous étions sous le coup de la sidération. On voyait bien que c'était un crime immense, avec ces travailleurs qui tombaient des derniers étages pour échapper au feu. Mais, comme Sartre dans la préface de Fanon que vous évoquiez, je ressentais aussi une forme de jubilation interdite devant cet événement. Je ne me réjouissais pas des meurtres, mais le fait que la capitale du capitalisme globalisé puisse être ébranlée avait malgré tout quelque chose de rassurant. Je ne pouvais m'empêcher de penser que le fait que l'Amérique, mon pays, puisse être menacée sur son propre sol n'était pas fondamentalement mauvais, qu'il était nécessaire que cet ordre injuste, impérialiste, violent envers les populations non européennes soit ébranlé. Cela dit, nous ne savions pas encore qui avait frappé. Au-delà de l'effondrement des deux tours, l'attentat a eu des conséquences profondes et durables. Il a façonné le monde dans lequel nous avons grandi. L'islamisme s'est installé au centre de l'échiquier, il est même devenu un ennemi civilisationnel. Et une nouvelle culture politique centrée sur l'hypercontrôle s'est installée : Vigipirate, les contrôles aux frontières, des hommes armés et en treillis patrouillant dans les rues. Tout cela vient de là. Quant à la présence de Jean-Marie Le Pen le 21 avril, je crois que c'est le deuxième événement matriciel dans ma conscience politique. J'ai ressenti alors un appel vers le militantisme. C'est d'ailleurs la première manifestation à laquelle j'ai participé, comme si je répondais à une sorte de réflexe sensori-moteur antifasciste.

MM : Je me souviens très bien du 11 septembre 2001. J'étais en quatrième, j'avais 13 ans. J'habitais alors dans un petit village à côté de Montpellier, à Mauguio. On sortait de cours avec ma copine Anne, qui habitait tout près de chez moi. On faisait le trajet à pied en poussant nos vélos pour pouvoir continuer de papoter. Ma mère m'a appelée sur mon portable : « Rentre à la maison, il s'est passé quelque chose de grave aux États-Unis ! » On a enfourché nos vélos, on est allées chez moi, on a allumé la télé. Une énorme boule de feu a embrasé les deux tours dont j'ignorais le nom à l'époque. C'est étonnant comme l'image est plus forte que le son : on voit avant même d'entendre. J'ai mis assez longtemps à réussir à entendre les commentaires des journalistes. Dans mon village, qui n'était pas réputé pour son ouverture d'esprit, j'ai entendu dès le lendemain des discussions du type : « De toute façon ces Arabes… Moi j'ai toujours dit qu'il fallait s'en méfier. » J'ai compris, sans avoir les outils intellectuels pour le formuler, qu'un abcès avait été crevé, et pas au sens positif du terme. Quelque chose qui était là depuis longtemps, mais qui était resté refoulé ou interdit, avait dorénavant droit de cité. Il y a toujours eu du racisme dans mon entourage, pas que de l'antisémitisme. J'ai compris que l'attentat était l'occasion pour que cela s'exprime. De manière générale, il fournissait l'excuse parfaite pour légitimer *a posteriori* des discours et des idées nourris depuis longtemps. À l'échelle de la planète, ce fut l'occasion d'instrumentaliser l'argument (légitime en lui-même) de la lutte contre l'islamisme et le terrorisme pour s'en prendre à « l'ennemi de l'intérieur » et à l'Islam en général. Je me souviens que j'aidais alors un de mes camarades de classe d'origine marocaine en physique-chimie. Après le 11 Septembre, certaines personnes ne le regardaient plus de la même manière. Des regards accusateurs, mais aussi d'autres à l'inverse pleins de compassion, comme s'il avait vécu un deuil personnel. Je me souviens d'avoir éprouvé une sorte de pitié et de terreur. Comme une prise de conscience soudaine et sidérante de l'histoire, dont Camus me donnera des années plus tard la formule dans *La Peste* : les fléaux sont toujours l'affaire de tous. Des événements qui se produisent à des milliers de kilomètres de chez vous ont un impact concret sur votre situation et celle de vos proches, comme si vous y aviez pris part... C'est un peu la même sensation que j'ai éprouvée lors du passage de Le Pen au second tour de l'élection présidentielle. Comme si le mal qu'on sent monter aux alentours, dans son cercle familial ou dans le village, allait sortir du bois de manière officielle, parce qu'il avait réussi à infiltrer le temple du pouvoir et à y trouver une légitimité. J'ai réalisé que les beaux discours, les grands principes sont importants mais ne protègent pas. Dans les contextes de guerre, où la violence entre de plain-pied sur scène, ce sont les principes qui sautent en premier.

NA : Ce climat que vous décrivez très bien m'a conduit à m'engager davantage dans ce que je faisais. Alors que j'avais intégré un master international de philosophie, j'ai été envoyé au Brésil. Dans ma valise, j'avais emmené Frantz Fanon et W. E. B. Du Bois*, activiste des droits civiques et penseur panafricain. Et je dois avouer que j'ai fondu en larmes en lisant certaines pages de Fanon, qui me renvoyaient à ma propre expérience. Cela a créé un choc. Il ne m'a plus quitté depuis. C'est à ce moment aussi que j'ai vu le film *Vénus noire* de Abdellatif Kechiche, consacré à Saartjie Baartman, surnommée la Vénus hottentote, née en 1789 en Afrique du Sud, arrachée à sa terre natale pour être présentée et exploitée comme une bête de foire, un rat de laboratoire ou une prostituée. L'histoire de cette femme m'a bouleversé. Je me souviens très précisément d'avoir alors pensé qu'il fallait que la philosophie prenne à bras-le-corps ce type d'expérience, qu'elle rende une voix aux populations noires qui ont subi une telle déshumanisation. Peut-être pouvais-je faire quelque chose que les autres ne faisaient pas ? Cela m'a toujours motivé : aller dans les recoins de la pensée qui ne sont pas fréquentés par les autres pour apporter des perspectives qui n'existent pas dans l'espace public. C'est un peu plus tard que je suis devenu, pour plusieurs années, membre du PIR (Parti des indigènes de la République). Cela a été très formateur, même si j'ai fini par le quitter au moment de l'assassinat de George Floyd avec d'autres membres noirs qui ne se reconnaissaient plus dans les choix stratégiques du parti. Le PIR m'a procuré une véritable formation politique, en me faisant connaître des savoirs, des pensées, des auteurs, une histoire des luttes anticoloniales. Et un ethos : une réserve qui consiste à s'abstenir d'attaquer publiquement les adversaires politiques dans le camp de l'antiracisme. Ou à les attaquer par l'analyse, mais à ne pas être ordurier. Essayer d'avoir une pensée stratégique. En ce moment, je préfère faire cavalier seul, utiliser l'attitude que m'a enseignée cette expérience au service d'une entreprise plus personnelle et plus intellectuelle : me consacrer à la philosophie, à l'enseignement. C'est un rôle qu'on m'avait officieusement assigné au sein du PIR. Je pense que ça a une certaine utilité. Pour le moment, je ne suis pas en quête d'un engagement militant, mais l'existence même d'un tel parti a compté pour moi, elle influe sur la manière dont je réfléchis, dans mon attitude, et même dans ma vision des relations humaines.

MM : Je n'ai jamais rejoint un parti, un syndicat, ou un groupe militant. Moins par choix réfléchi, je crois, que du fait de mon histoire personnelle qui m'a longtemps empêchée de faire confiance à qui que ce soit. L'idée de m'inscrire dans un groupe me terrifiait : j'avais l'impression d'être un grain de sable dans une grosse machine qui avait le pouvoir de m'écraser si elle le décidait. Un jour, j'ai assisté par erreur à une assemblée générale à Normale sup quand j'avais 21 ans, je pensais qu'un cours du philosophe Alain Badiou avait lieu dans la salle. La monopolisation de la parole par un petit groupe, le peu de marge ménagé pour poser des questions ou exprimer des divergences ne m'ont pas laissé une très bonne impression, et je n'y suis jamais retournée. Je ne prétends évidemment pas tirer un jugement général de mon expérience personnelle. Je considère au contraire que le militantisme est vital pour la démocratie. Simplement, je ne crois pas être taillée pour. Aujourd'hui encore, la confiance (en moi et en les autres) me manque pour m'engager dans cette voie. Je n'en admire que plus les militants qui s'investissent pleinement dans les causes qui leur tiennent à cœur, sachant que beaucoup s'y épuisent. L'important, me semble-t-il, est de trouver sa place, et d'agir chacun à son niveau, avec ses moyens. Pour ma part, la lecture, l'écriture, la recherche et les échanges avec d'autres chercheurs sont les outils grâce auxquels j'apprends le plus et j'espère apporter quelque chose en retour.

Chapitre 2

Un nouveau racisme ?

Du retour de l'idée de race

Marylin Maeso : Après 1945 et la catastrophe de la Shoah, si la question du racisme ne semblait pas définitivement réglée, il était tout de même devenu plus difficile d'être raciste « comme avant ». Cela ne veut évidemment pas dire que le racisme a disparu : il a simplement muté. Il y a notamment eu un travail sur la langue, très efficace, que je qualifie d'« euphémisation ». On substitue aux mots qui posent un problème d'autres plus acceptables, d'apparence plus neutre, qu'on charge peu à peu d'une nouvelle signification. La « nouvelle droite », par exemple, se défend d'être raciste : après tout, elle ne prétend pas hiérarchiser les races. Elle se pense comme « ethno-différentialiste ». Elle considère qu'il y a des différences essentielles, ontologiques ou culturelles, entre les peuples, et qu'il faut les préserver. Ce qui justifie un discours anti-immigrationniste radical : chacun chez soi, et les racines seront bien gardées. Alors qu'on est confronté à une situation migratoire inédite, tout particulièrement en Europe, liée aux catastrophes politiques ou écologiques, on nous explique ainsi qu'il vaut mieux que les gens ne se mélangent pas, « par respect des différences ». Mais puisque le mélange existe, puisqu'il a toujours existé, ce discours conduit fatalement à alimenter des rancœurs et des peurs qui font le lit du racisme : l'immigré devient le coupable universel, celui qui vole l'emploi des Français, leurs droits (on le soupçonne d'abuser des allocations) et leur identité, comme le soutient le discours complotiste affirmant que les immigrés africains fomentent avec l'aide des puissants un « grand remplacement ». Ce renouvellement des formes de racisme se fonde aussi sur le pouvoir de l'oubli : pour les générations d'aujourd'hui, il y a énormément de codes, de vocabulaires et parfois d'événements qu'elles ne connaissent pas ou mal. Je m'en rends compte face à mes élèves, notamment quand nous travaillons sur l'antisémitisme. Certains jeunes d'aujourd'hui ne comprennent pas pourquoi on qualifie Dieudonné d'antisémite quand il parle d'Israël. Sa stratégie d'instrumentalisation de l'antisionisme fonctionne très bien sur eux, en raison de leurs lacunes référentielles : quand il fustige le « puissant lobby des youpins sionistes », eux n'entendent que « sionistes ». Il faut définir le mot « youpin », replacer le motif du lobby dans son contexte historique pour en dégager le fondement antisémite, et même expliquer l'évolution du sens d'« antisionisme » au gré des événements : il n'a pas le même sens avant la création de l'État d'Israël, alors qu'un débat existe, au sein même de la communauté juive, sur la pertinence de fonder un État, et après la naissance d'Israël, quand la remise en question de l'existence de cet État implique de remettre en question le droit du peuple juif à y vivre. Et il faut leur montrer comment l'antisionisme a été récupéré par l'extrême droite dieudonniste et soralienne comme par une partie de l'extrême gauche, pour exprimer une haine des Juifs dorénavant interdite... Cela exige tout un travail. Aux États-Unis, il y a des départements entiers consacrés aux études sur le racisme, le sexisme, et d'autres formes de domination et d'oppression. En France, probablement pour des raisons historiques et culturelles, il y a eu pendant longtemps une certaine frilosité universitaire sur ces questions. D'abord, parce qu'on tient à séparer absolument savoir et militantisme, ce qui rend ces sujets, forcément militants, plus délicats à aborder. Ensuite, parce qu'il existe une crainte d'attiser le mal si on utilise certains termes pour le nommer. Quand des chercheurs et militants parlent de « racisés », de « blanchité », d'« intersectionnalité », ils génèrent une réaction épidermique qui tend à brouiller les termes du débat, et donc à le rendre impossible. Je ne prétends pas que ces termes ne posent aucun problème, au contraire, j'ai déjà relevé les écueils soulevés par la reprise d'une terminologie théorique parfois mal maîtrisée en contexte militant. Je dis juste que si on veut les critiquer, il faut commencer par s'entendre sur le sens des mots pour s'assurer de bien comprendre à quoi l'on s'oppose. Ce travail-là n'est pas toujours fait en France dans le débat public. On y parle beaucoup du racisme et de l'antiracisme, mais on en parle souvent mal.

Norman Ajari : Je n'ai jamais considéré le racisme comme une histoire réglée. Mais j'ai paradoxalement longtemps pensé que ce n'était pas un objet intellectuel digne d'intérêt. Il y avait une contradiction entre l'importance de cette question dans ma vie et son effacement théorique. La question du racisme avait pourtant été au cœur de la vie intellectuelle dans la seconde moitié du XXe siècle, avec les grands textes que lui avait consacrés Claude Lévi-Strauss : *Race et Histoire*, en 1952, au lendemain de la Seconde Guerre mondiale, et *Race et Culture*, vingt ans plus tard, sans parler des auteurs noirs comme Fanon ou Césaire*. Dans les années 1980, en France, la montée du Front national, les grandes manifestations « pour l'égalité et contre le racisme » ou le succès du mouvement

Touche pas à mon pote ! avaient conféré une actualité forte à cette question. Et pourtant, tout se passe comme si, pour ma génération, en France, à la fin du XXe siècle, le racisme, alors même qu'il restait une question vive de notre expérience, avait un peu disparu du spectre intellectuel, du débat philosophique. Quand j'ai commencé à lire des ouvrages théoriques sur cette question, ce furent des sources anglophones ou des textes francophones écrits par des auteurs noirs méconnus, qu'il s'agisse de philosophes ou d'activistes. Je pense par exemple à *Négritude et Négrologues* de Stanislas Spero Adotevi*, philosophe et homme politique béninois, ancien élève d'Althusser. J'ai aussi eu l'occasion de rencontrer Fabien Eboussi Boulaga*, un philosophe camerounais récemment disparu, spécialiste de théologie chrétienne africaine. J'ai alors lu Marcien Towa*, philosophe camerounais, critique de la pensée de la négritude de Senghor. Je me suis intéressé au débat portant sur la question de la philosophie africaine entre les années 1960 et 1980. Aujourd'hui, j'enseigne au Royaume-Uni les *francophone black studies*, et je suis extrêmement reconnaissant de participer à la transmission de ces œuvres et de cette pensée africaine. Car c'est grâce à ces penseurs que la question du racisme, oubliée ou effacée du champ philosophique dominant, est restée une question importante, en dépit du silence qui l'entourait, ici.

MM : Au-delà de ces influences théoriques, est-ce que certains événements n'ont pas aussi joué un rôle dans la relance du débat sur le racisme à laquelle nous assistons depuis quelques années ? Je pense par exemple au meurtre de George Floyd aux États-Unis pour la question noire. Ou, pour la relance de l'antisémitisme, à la multiplication des attentats comme celui de Merah à Toulouse contre une école juive en 2012 ou celui de Coulibaly dans l'*Hyper Cacher* en 2015.

NA : Le meurtre de George Floyd en 2020 est un événement fondamental, vous avez raison. Les images de l'asphyxie « en direct » à la télévision de cet Afro-Américain plaqué au sol par des policiers de Minneapolis, aux États-Unis, après son interpellation alors qu'il leur faisait part du fait qu'il ne pouvait plus respirer (« *I can't breathe* ») ont sidéré le monde entier. Cet événement a changé la donne intellectuelle dans les démocraties libérales et au-delà. Avec des conséquences jusqu'au Nigeria, par exemple. Un peu partout, les actions politiques menées contre les violences policières se sont intensifiées. Mais l'enjeu dépasse la question de la sécurité publique. Et il ne s'agit pas d'opposer les Noirs aux Blancs. À mon sens, l'indignation mondiale soulevée par le meurtre de George Floyd procède d'une révolte contre la position d'*abjection* dans laquelle continue d'être placée la noirceur, une position que nous avons tendance à accepter comme un fait.

J'ai ressenti un peu la même chose en 2018, en France, lorsque des dizaines d'adolescents de banlieues ont subi une humiliation en règle de la part de policiers, casqués et armés de matraques, qui les avaient fait se mettre à genoux, mains sur la tête, après les avoir interpellés à Mantes-la-Jolie. La scène avait été filmée et diffusée sur les réseaux. J'ai aussi été marqué par le meurtre de Lamine Bangoura, un jeune joueur de football belgo-guinéen de 27 ans, mort étouffé en 2018 en Belgique lors d'un placage ventral effectué par sept policiers venus l'expulser de son logement, pour un loyer impayé… Et je me suis intéressé de près également à la fusillade de Buffalo, aux États-Unis, en mai 2022. Payton Gendron, le terroriste qui a tué dix personnes dans un magasin d'alimentation, a publié un manifeste inspiré du suprémacisme blanc et de l'idée de « grand remplacement » où il revendique son attentat. Ces événements touchent au cœur, ils incitent à réfléchir aux nouvelles formes du racisme et à s'engager pour les combattre. J'ai lu en détail le manifeste suprémaciste de Gendron qui mêle négrophobie et antisémitisme. C'est un effroyable criminel et un abruti fini mais son texte mérite notre attention. Il nous en dit peut-être davantage sur la réalité effective du racisme contemporain et sur l'inconscient raciste des suprémacistes blancs que nombre de traités philosophiques ou de manifestes militants contre le racisme.

MM : On voudrait pouvoir approcher le racisme comme un tableau monstrueux que l'on observe au musée, avec effroi, mais avec la certitude que l'on va pouvoir rentrer tranquillement chez soi ensuite. Ce n'est évidemment pas le cas ! Le racisme est un objet d'étude qui ne nous laisse pas tranquille. Dans *La Peste*, Camus met en lumière le mécanisme du déni et la manière dont il rend possible le retour du fléau. Quand la peste débarque chez les Oranais, ils n'ont pas envie de changer leurs habitudes ni même de nommer la maladie. C'est comme quand la guerre éclate, on se dit toujours que cela ne durera pas, que c'est trop bête… Mais le personnage de Rieux nous le rappelle : « La bêtise insiste toujours. » L'humanisme, au sens convenu, oublie que l'histoire n'est pas à l'échelle humaine. Ce n'est pas parce qu'on souhaite que le racisme appartienne au passé qu'il va gentiment disparaître. Certains estiment qu'il faut cesser d'en parler autant. Je pense que les événements contemporains nous ont permis de prendre conscience, au moins provisoirement, que le racisme n'est pas un problème daté, ni un problème qui puisse être réglé pour de bon. Je suis peut-être pessimiste, mais j'y vois un mal incurable fait pour durer. La seule attitude conséquente face à cela est donc de tenter de le réduire « arithmétiquement », comme disait Camus, dans toutes les situations où nous le rencontrons.

NA : En 1952, l'objectif de Lévi-Strauss était de désamorcer le concept de race et de démonter notamment la manière dont Arthur de Gobineau l'avait introduit au XIXe siècle en essayant de lui donner un fondement scientifique et en faisant du métissage racial la cause de la dégénérescence des civilisations. Lévi-Strauss réaffirme l'unité du genre humain et l'universalité de l'esprit, tout en relativisant la supériorité de la culture occidentale et l'idée de progrès, et en prenant acte d'une diversité culturelle irréductible.

MM : Oui, mais Claude Lévi-Strauss est revenu sur la question en 1971, toujours pour l'Unesco, dans une conférence et un texte, intitulé *Race et Culture*. Or, autant son premier texte, celui de 1952, est clair, autant le second, celui de 1971, est plus ambivalent et a suscité la controverse. Lévi-Strauss défend alors l'idée qu'une certaine fermeture culturelle serait nécessaire à la sauvegarde de la diversité, contre l'homogénéisation et le métissage. Sous l'effet de l'explosion démographique et de l'extension de la civilisation mondiale, les cultures particulières sont menacées. Dans ce contexte, conclut Lévi-Strauss, il s'agit de « réapprendre que toute création véritable implique une certaine surdité à l'appel d'autres valeurs, pouvant aller jusqu'à leur refus sinon même à leur négation ». Par une de ces ruses dont l'histoire a le secret, ces propos maladroits ont été récupérés par la « nouvelle droite » au bénéfice d'un nouveau racisme ethno-différentialiste. Lévi-Strauss avait pourtant très clairement dégagé les traits fondamentaux du racisme : biologisation de la différence et hiérarchisation des races. Contournant cette dimension biologique, le « génie » du racisme de la nouvelle droite consiste à se draper dans le culturalisme : chaque race a son mérite, mais chacune est différente et doit rester chez elle pour préserver son identité. On pourrait reprocher à Lévi-Strauss de ne pas avoir anticipé cette ruse de la nouvelle droite. Car il ne parle pas seulement de l'importance du différentialisme culturel, du dialogue et des rencontres entre les cultures qui font qu'elles s'enrichissent mutuellement, il évoque aussi la nécessité pour chaque culture, à l'heure de la mondialisation, de se fermer sur elle-même afin de déjouer la disparition programmée de son identité. Lévi-Strauss n'a pas contribué volontairement à la métamorphose du racisme sous le prisme ethno-différentialiste. Il n'a pas compris, je crois, que la logique de la différenciation pourrait être réinvestie par le racisme. Dans son texte *De près et de loin*, il soutient que le racisme se fonde sur les deux éléments biologique et hiérarchique. Or, la force du racisme de la nouvelle droite est d'avoir intégré cet interdit pour le court-circuiter. Elle a beau jeu de se positionner contre la hiérarchie des races, trouvant même à chacune son mérite propre, pour mieux en tirer la conséquence qui l'arrange : c'est parce que chacune est différente et doit se maintenir dans sa différence qu'il ne faut pas se laisser envahir par une autre culture et perdre notre identité. En un mot : le racisme n'a plus besoin de l'idée de race pour prospérer.

NA : C'est l'idée, émise par le philosophe Étienne Balibar notamment, d'un nouveau racisme, un « racisme sans race ». Balibar désignait ainsi la tendance du racisme contemporain à renoncer à l'ancrage biologique au bénéfice des différences « culturelles ». Mais je crois que c'est une erreur de penser que le racisme biologique serait mort. Dans l'*alt-right* américaine, comme dans l'extrême droite française, on assiste aussi à une rebiologisation des expressions racistes. L'ethno-différentialisme se réfère par exemple à la « biodiversité humaine ». D'un autre côté, le racisme biologique le plus assumé, comme celui du nazisme, avait déjà une dimension « spirituelle » ou « culturelle ». En 1945, Adolf Hitler dicte une lettre à son secrétaire dans laquelle il dit qu'il croit de moins en moins au racisme biologique en ce qui concerne les Juifs, mais que les Juifs sont

« une communauté d'esprit », ce qui n'amenuise en rien son antisémitisme. Hitler redoute même que cette dimension spirituelle soit ce qui est le plus difficile à « déraciner ». C'est comme s'il avait eu l'intuition que la science de son époque arrivait à une sorte d'impasse, que toutes les expériences biologiques, de craniologie, etc., pour prouver la différence entre le Juif et l'Aryen, se solderaient par un échec. Il passe donc au « racisme spirituel » à cette dimension culturaliste du racisme.

MM : Le racisme biologique n'est donc pas nécessairement le plus virulent selon vous ?

NA : En philosophie, on a mis beaucoup d'énergie à essayer de discriminer ce qui est biologisant de ce qui n'est pas biologisant chez les racistes. « Chez Heidegger, il n'y a aucune trace de biologisme, donc pas de racisme », a-t-on longtemps entendu de la part des disciples du philosophe quand on attirait l'attention sur son engagement intellectuel et académique nazi, notamment en tant que recteur de l'université de Fribourg. Pourtant, les textes des *Cahiers noirs* (Gallimard, 2014) qu'il a tenus à l'époque et qui n'ont été publiés et traduits que récemment manifestent un antisémitisme particulièrement virulent ! Un antisémitisme qu'il inscrit dans « l'histoire mondiale de l'être », comme le dit Peter Trawny, l'éditeur des *Cahiers*. Pour Heidegger, les Juifs sont un principe de destruction dans l'histoire. Le biologisme n'est donc pas nécessaire au racisme : c'est une grammaire parmi d'autres. Mais l'essence du racisme ne tient pas au biologique, il repose sur l'idée plus fondamentale que certaines populations ne sont pas véritablement humaines. Le racisme établit une partition entre ceux qui sont des humains au sens propre et les autres – à moitié humains ou absolument déshumanisés. Dans l'idéologie des nazis, les Juifs sont des rats sous l'apparence humaine. Dans l'idéologie négrophobe, les Noirs sont des singes sous l'apparence humaine… Le racisme fondé sur l'idée de race est une des expressions possibles de cette négation fondamentale d'une partie de l'humanité. Mais d'autres concepts que celui de race peuvent l'alimenter. Il convient enfin d'ajouter qu'il est parfois impossible de distinguer le biologique du non-biologique dans le racisme, parce qu'ils sont inextricablement mêlés : les fameux tests de QI (concluant que les Africains ont les QI les plus faibles de toutes les populations du monde et justifiant leur exploitation) semblent relever du biologique à première vue. Mais ces mesures de l'intelligence ont des biais culturels, qui font que certaines populations sont lésées et que leurs compétences spécifiques sont déclassées. Bref, il y a différentes grammaires du racisme, qui se superposent pour justifier *in fine* toujours la même idée.

MM : Admettons que le racisme ne se fonde pas toujours sur le concept de race. Ne faut-il pas admettre également, dans l'autre sens et à l'autre bout du spectre idéologique, que l'utilisation du concept de race n'implique pas nécessairement le racisme ? Je pense en particulier à l'usage critique de la notion de race dans tout un courant académique aux États-Unis qu'on appelle justement la « théorie critique de la race ».

NA : Tout à fait. En France, on a tendance à associer et même à confondre l'idée de race avec le racisme. Le terme « race », à cause de l'impact du moment nazi, a été considéré comme le vecteur fondamental des théories racistes. Mais le spectre des usages du concept est beaucoup plus large et plus intéressant. On peut, par exemple, faire un usage égalitariste de la race. C'est le cas chez l'anthropologue haïtien Joseph Anténor Firmin*, auteur de *De l'égalité des races humaines. Anthropologie positive*. Il fait de la notion de race un vecteur d'égalité ! Elle lui permet de penser à la fois l'égalité et la différence. L'histoire de la notion de race n'est pas condamnée à être corrélée au racisme. La désignation de la différence ne devient problématique que dans un univers mental où égalité et différence sont posées comme incompatibles. Mais la « race » n'est jamais qu'une métaphore, une manière de désigner la différence entre les êtres humains. Pour moi, le terme n'est pas fondamentalement condamnable. Ce qu'il faut condamner, c'est la volonté politique d'institutionnaliser l'abjection, la déshumanisation. De la même manière, dans le militantisme antiraciste, vous avez raison, la notion de race est réinvestie de manière critique et positive.

MM : Je suis plus réservée que vous sur cette question. Pour des raisons pratiques. Si les chercheurs peuvent légitimement utiliser l'idée de race, en explorant ses significations multiples, sociales et historiques notamment, en revanche, dans le débat public, l'utilisation du mot auprès d'un public qui n'a pas forcément connaissance de cet usage critique du concept est problématique. Cela pourrait légitimer une utilisation discriminante du mot. « Vous voyez bien, diraient les racistes patentés, même les antiracistes reconnaissent la pertinence du concept. » Inoffensif dans le milieu universitaire, ce mot « race » peut avoir des effets très nocifs dans l'espace public quand il est employé avec négligence.

NA : Quels sont les nouveaux usages théoriques précis de la notion de race ? Dans la « théorie critique de la race », on parle moins de race au sens de groupes de populations qui seraient dotées de traits spécifiques que de personnes « racisées », c'est-à-dire considérées comme telles par les autres.

MM : Dans le langage académique, on parlera plutôt de processus d'assignation. Une personne est « racisée » quand elle subit un processus de racisation. En revanche, en contexte militant, l'adjectif est souvent substantivé. Or, quand on se met à parler des « racisés », il y a un risque que la focalisation se déplace des processus aux personnes. Un risque que les individus soient essentialisés et se voient revêtus de caractéristiques déterminées en fonction de l'identité qu'ils revendiquent ou qu'on leur prête, et qu'on en tire des déductions hâtives à leur sujet, qu'on les enferme dans des catégories, quitte à leur reprocher de ne pas se conformer aux discours et comportements que l'on attend du groupe concerné.

NA : On pourrait considérer qu'en parlant des Noirs comme de personnes « racisées », on légitime l'attitude consistant à les assigner à une position subalterne, et qu'on renonce du même coup à lutter contre ces formes d'assignation « raciale ». Chez Derrick Bell*, l'auteur de référence de la « théorie critique de la race », cela procède plutôt d'une prise de conscience et d'une remise en question de l'idéal libéral de l'égalité juridique. Juriste, avocat des droits civiques, Bell part d'un constat pessimiste assez simple : les Noirs, soutient-il, n'obtiendront jamais l'égalité aux États-Unis. À chaque fois qu'ils ont conquis une victoire dans le champ politique et juridique, il s'est ensuivi une reconfiguration de la société et des institutions telle que les bénéfices de la victoire ont été annulés. C'est éclatant pour la lutte pour les droits civiques des années 1960, avec la grande marche de Martin Luther King de 1963. Ce moment est souvent présenté comme une victoire historique. Pour Derrick Bell, c'est un mythe. « On a doublement perdu, affirme-t-il. Parce que les choses n'ont pas changé pour nous, et parce que notre défaite est célébrée comme si c'était une victoire. » Certes, le niveau de vie des Noirs a progressé, mais la part de la richesse nationale possédée par les Noirs aux États-Unis a régressé, et leur espérance de vie est toujours la plus faible – 72 ans –, alors que celle des Blancs (non hispaniques) est de 78 ans, un écart de six ans, le plus important depuis vingt ans… La majorité des Noirs sont par ailleurs toujours dans une situation d'extrême précarité relativement au reste de la population. Le fait de pouvoir s'acheter une télévision ou une voiture est célébré comme une formidable avancée, alors qu'il s'agit d'effets du progrès technique, de la division internationale du travail et du développement du pays dans son ensemble. Pas d'une régression du racisme…

MM : Admettons ce bilan. Mais est-ce que cela doit nous conduire à renoncer à l'espoir de voir disparaître le critère racial, au moins à titre d'horizon idéal ?

NA : C'est la position du *racial eliminativism*, l'« éliminativisme racial », qui défend le principe que la race en tant que catégorie intellectuelle doit absolument disparaître.

MM : Et vous ne partagez pas cet espoir ?

NA : En principe, pourquoi pas ? Quand on voit toutes les horreurs que l'idée de race a rendu possibles, comment ne pas souhaiter la voir disparaître ?! Mais il faut creuser plus profond. Car qu'est-ce qu'un monde débarrassé de la différence raciale ? Le plus souvent, c'est pensé comme un monde où l'expérience de la classe moyenne blanche occidentale est généralisée à l'humanité entière. L'idéal du *racial eliminativism* est celui d'un monde sans Noirs, sans Arabes, sans Juifs, etc. Toute la négativité qui est attachée aux membres de ces communautés disparaîtrait. Avec le présupposé selon lequel les violences dont sont victimes ces populations seraient dues au hasard. Or, penchons-nous sur la répartition des richesses dans le monde. Haïti est le pays le plus pauvre de l'hémisphère ouest, l'Afrique subsaharienne est le sous-continent le plus pauvre du monde avec des ressources naturelles considérables… mais exploitées par d'autres ou au bénéfice d'autres. Et la racialisation des populations africaines a joué un rôle prépondérant dans la rapacité et les violences qu'elles ont subies. Un monde sans race est en réalité un monde où ce type de prédation pourrait arriver à n'importe qui, où les *warlords*, les « seigneurs de la guerre », pourraient déferler sur l'Auvergne et décapiter des gens comme ils le font au Nigeria ou en Centrafrique. Est-ce envisageable ? Abolir la race ? C'est un très noble objectif. Mais nous ne pouvons pas vouloir « un but élevé sans vouloir les moyens pour l'obtenir », comme le dit Nietzsche. Nous ne pouvons pas vouloir la fin de la négrophobie sans vouloir le développement, la souveraineté et l'autonomie des pays à majorité noire à travers le monde. Il ne suffit pas d'affirmer naïvement qu'il serait théoriquement souhaitable que la race disparaisse des esprits. Il faut sonder les conditions matérielles qui soutiennent l'existence de l'idée de race. J'ai songé à en faire une nouvelle, une fiction qui serait fondée sur la disparition de la race, pour mesurer ce qui est utopique au mauvais sens du terme dans cette hypothèse. J'imaginais un monde où tous les préjugés raciaux auraient disparu. Les pages racistes de Kant et de Hegel sont déchirées de toutes les bibliothèques, avec une effusion généralisée de bonheur et de joie. Mais les semaines passent et les gens constatent que l'Afrique ne parvient pas à s'élever économiquement, parce que le système capitaliste est toujours en place, les structures de pouvoir, les inégalités Nord/Sud, etc. Les structures économiques du monde qui soutiennent les préjugés raciaux perdurent, en dépit de l'effacement de ces derniers. Elles ont simplement été habillées d'un nouvel affect généreux et amical. Il commence à y avoir des sommets entre les chefs d'État occidentaux, ils se disent que les Africains ont un problème. Peut-être que leurs capacités cognitives ne leur permettent pas d'accéder à la modernité, au capitalisme libéral et à l'économie de marché. À la fin, on décide de revenir au racisme institué, c'est plus simple… Tout cela pour dire qu'un monde sans race me semble une hypothèse théorique un peu vaine.

MM : Sans me risquer, comme vous, à postuler l'impossibilité de se défaire du racisme, je crois que nous pouvons nous accorder sur un point : alors que la génération avant nous avait pu croire, avec les leçons de la Shoah et de la décolonisation, que nous en étions débarrassés, nous appartenons, vous et moi, à une génération qui part au contraire du constat que ce fut une illusion, une erreur même. C'était une grossière erreur de croire que la question de la race était scientifiquement et philosophiquement réglée. La continuité et l'actualité du racisme attestent du contraire. Nous n'avons pas encore pris acte de toutes les conséquences de ce retournement. Vous-même, vous avez forgé l'hypothèse imaginaire d'un monde débarrassé d'un seul coup des idéologies racistes. Comme si nous pouvions supprimer l'histoire, remettre le compteur à zéro. Mais l'histoire laisse des traces, des sédiments profondément enfouis dans les esprits et dans les structures politiques, économiques, sociales. Et ces traces ne s'effacent pas, même quand on croit avoir lavé les cerveaux des acteurs du système. Que faire une fois ce constat établi ? Je suis convaincue qu'il faut rehistoriser le racisme, revenir sur l'histoire de ces phénomènes. Prenons un exemple. On parle aujourd'hui du *reverse racism* (le « racisme à l'envers »), soit l'idée que ceux qui subissent le racisme, comme les Noirs, peuvent être racistes envers ceux qui les discriminent, les Blancs. On peut admettre que le « racisme anti-Blancs » est une essentialisation tout aussi problématique que la négrophobie. Sauf qu'un peu de distance historique permet de mesurer que ce racisme-là est sans commune mesure avec le racisme dont ont été et continuent d'être victimes les Noirs. Il y a une différence de nature entre les deux. La négrophobie, contrairement à l'essentialisation des Blancs, est « systémique », au sens où elle n'existe pas seulement dans la tête de quelques illuminés, mais imprègne l'ensemble des structures sociales, économiques, voire, dans certains contextes, politiques. Si l'on prend la peine d'effectuer ce travail de remise en contexte historique, on comprend pourquoi on ne peut pas mettre les deux attitudes sur le même plan. Ce sont deux types de « racisation » très différents.

NA : En somme, les Blancs ne pourraient pas être considérés comme des personnes racisées parce qu'elles n'ont pas été assignées à une position subalterne en vertu de la couleur de leur peau ? Mais pourquoi ne pourrait-on pas assigner, c'est-à-dire « raciser », des personnes dans des positions de domination ?

MM : La question se pose. Pour Frantz Fanon, le racisme est un phénomène total. Si le système raciste construit une certaine vision du Noir, de l'Arabe ou du Juif, il en ressort nécessairement une certaine vision du Blanc. Il fait partie de l'équation. Dans tous les cas, recourir au concept de « racisation », c'est prendre acte de la persistance du racisme plutôt que de croire qu'on puisse s'en débarrasser. Ce qui marque une rupture politique et intellectuelle avec le grand espoir de l'après-guerre de se débarrasser de la race comme d'une idée fausse.

NA : Payton Gendron, l'auteur de la tuerie de Buffalo, détestait les Noirs pour de « fausses » raisons, il plaquait sur eux sa haine et son ressentiment. Mais par son seul crime, il rend « vraie » la « fausse » catégorie de Noirs qu'il a en tête. Il est convaincu que la peau d'une couleur plus sombre dissimule une forme d'humanité abjecte. Je dirais que les Noirs existent en ce sens-là. Il y a des gens qui ont une couleur de peau plus sombre et sur laquelle d'autres fixent des affects déshumanisants. Un imaginaire se greffe sur la réalité empirique de la peau, et, à force, cet imaginaire en vient à participer du réel et à le structurer. Voilà le ressort du racisme. Face à cela, il ne sert à rien de faire comme si c'était une erreur en affirmant haut et fort que le racisme n'a pas de fondement scientifique.

MM : Jusque-là je vous suis. Les Noirs existent dans les yeux des autres, aurait dit Sartre. Mais admettez-vous que la formule « Je n'aime pas les Noirs » est une formule raciste ? À mes yeux, elle ne l'est pas seulement au sens où je réduis des individus à leur couleur de peau, mais parce que je les gratifie d'amour ou de haine sur la base des qualités qu'ils auraient tous du fait de l'appartenance à ce collectif de couleur. Et en tant qu'intellectuels, nous devons dénoncer la logique d'assignation qui sous-tend une telle affirmation.

NA : Je peux m'atteler à la récuser tant que vous voulez, mais, si je suis honnête, je me réjouis qu'elle soit exprimée parce que si ce n'était pas le cas, elle n'en existerait pas moins dans le repli des âmes...

MM : Vous préférez un racisme qui ne se cache pas à un racisme insidieux. C'est pareil avec l'antisémitisme : « sale Juif », c'est plus clair que quand quelqu'un dissimule sa haine des Juifs dans son antisionisme et sa remise en question de la légitimité de l'existence d'Israël en sachant pertinemment que cela revient à nier le droit des Juifs israéliens à y vivre. On en revient à ce que Sartre aborde dans *Réflexions sur la question juive* : comment arrive-t-on à déconstruire quelque chose qui ne relève pas de la sphère rationnelle, mais du viscéral, qui relève pour une bonne partie de l'implicite, de l'inconscient ? Comment lutter avec le fantasme racial sans lui donner une consistance ? Sans conférer par exemple au fantasme de la race la dignité d'un concept.

NA : Pour moi, c'est un concept polysémique. Il a plusieurs significations et il est possible de l'investir pour de bonnes et de mauvaises raisons. Dans tous les cas, ce n'est pas le retour du terme « race » dans le débat public et au sein des mouvements militants en particulier qui explique le retour du racisme. Et ce n'est donc pas en interdisant son usage qu'on luttera efficacement contre le racisme.

MM : C'est là que nous divergeons. Je pense pour ma part que ce réinvestissement par les militants antiracistes de la notion de race n'est pas forcément une bonne idée. Le fait de dire qu'une réalité n'a pas d'existence objective ou matérielle ne préjuge en rien de sa capacité ou de son efficacité, je vous l'accorde. Beaucoup de choses qui n'ont d'existence que dans l'esprit ont des conséquences matérielles très importantes. Mais ce réinvestissement du terme « race » me paraît être une mauvaise idée, parce qu'on ne peut pas vider une notion de toutes ses sédimentations historiques et espérer que cela ait un effet immédiat sur les mentalités collectives. À part pour un groupe réduit d'universitaires, ce sont les connotations les plus anciennes qui vont prédominer dans l'usage que l'on fera de la notion.

NA : Nous sommes face à différents objectifs. Dans la tradition de la pensée noire, le terme « race » n'a jamais été utilisé dans un but similaire à celui poursuivi par les théoriciens racialistes. Aussi bien chez Fanon que chez Césaire, et *a fortiori* dans la pensée africaine-américaine, quand on utilise cette notion, il s'agit toujours de fonder une solidarité, d'assurer sa survie et possiblement sa libération. La tradition de laquelle je me revendique a été criminalisée à cause de l'usage de la notion de race dans un autre contexte historique et politique, celui que l'Unesco a tenté de liquider en 1952 après en avoir fait la promotion. Mais à part dans quelques sinistres exemples, il ne s'agit pas du tout de fabriquer une nouvelle différence raciale qui poserait l'infériorité ou l'inhumanité des Blancs.

MM : Je comprends cette position, mais je m'interroge : est-il possible de revenir en arrière ? On ne peut pas effacer certaines strates du langage et en garder d'autres. Le terme « race » a pris une signification historique massive. Et on ne peut pas faire comme si cette histoire n'avait pas eu lieu. S'il y a de nouveaux usages de la race qui ont émergé dans le débat public, on ne peut pas nier que même dans ces nouveaux usages, plus « soft », le fond structurel du contenu de race demeure. On ne peut pas minimiser l'impact du terme « race » sur l'imaginaire collectif, surtout quand on connaît son histoire. Il ne suffit pas de définir le concept de race dans un sens sociologique pour le vider de toutes les connotations, de tout l'imaginaire dont l'histoire l'a chargé. Par conséquent, si on avalise le retour du concept de race, même au sens critique, au sein du débat public, on doit mesurer qu'il n'aura aucun mal à être réinvesti par une autre terminologie...

Il se trouve que j'appartiens à une association, Tête-à-texte, qui organise des ateliers philosophiques au cours desquels nous abordons la question des préjugés, racistes, homophobes, etc., auprès d'un public d'élèves qui connaissent des difficultés multiples et subissent pour beaucoup d'entre eux ces discriminations. On s'aperçoit vite, dans ce cadre, que les enfants sont les premières victimes collatérales d'un jeu dangereux joué par les adultes. Quand ils sont petits, ils ont une approche assez ouverte sur la question des préjugés, ils s'interrogent, ils témoignent et font preuve d'esprit critique. Mais arrivés au lycée, surtout en terminale, le malaise et les stéréotypes sont plus sédimentés. La réflexion, la discussion, l'interrogation et l'esprit critique sont toujours possibles, bien sûr. Mais j'ai entendu fuser des propos racistes, sexistes, homophobes ou encore antisémites, y compris émanant d'élèves qui subissent eux-mêmes l'une de ces discriminations. Il y a là des vécus douloureux, des colères, et un grand besoin d'être entendus qui bute sur l'absence de moyens intellectuels pour comprendre et se faire comprendre. Et en effet, pour eux, je ne sais pas si l'enjeu est vraiment de démontrer que « les Noirs », cela n'existe pas au sens biologique... Pour en revenir au sujet de départ, je serais donc plus ouverte à l'idée d'utiliser des termes comme « racisation », car cela ne fait pas référence à la race comme à quelque chose qui crée un lien positif, un esprit de communauté vivant. C'est, au contraire, l'idée que la race est un phénomène historique créé pour asservir une certaine catégorie de la population.

NA : La notion de race comme moteur de solidarité est très présente dans le monde anglo-saxon, alors qu'elle n'existe pas en français. Chez nous, c'est ce qui résonne encore dans l'idée de négritude, comme une prise de conscience : « Regarde la violence faite au nom de la race à laquelle tu es censé appartenir. Constate que cela crée une communauté d'expérience, et qu'il faut de la solidarité pour en sortir. » Je tends à penser que si on nous enlève cette solidarité, on nous enlève la manière de nommer ce qui nous arrive et de nous organiser pour trouver des solutions concrètes.

Chapitre 3

Négrophobie *vs* antisémitisme

Quand les Noirs et les Juifs se disputent le statut de victime

Norman Ajari : La lutte contre le racisme est associée, jusque dans la loi en France, à la lutte contre l'antisémitisme. Or, il convient de distinguer les deux phénomènes car il n'est pas sûr qu'ils se recoupent, ni historiquement ni idéologiquement. Hannah Arendt a contribué en partie à ce rapprochement, en soutenant que l'antisémitisme moderne, biologique et racialisant, qui a été au cœur du nazisme, avait marqué une rupture avec l'antijudaïsme ancien, où la dimension religieuse était première…

Marylin Maeso : C'est en effet la grande thèse de Hannah Arendt dans le premier tome des *Origines du totalitarisme* qui s'intitule « Sur l'antisémitisme » justement. Selon elle, l'antisémitisme biologique et raciste, qui fait des Juifs les porteurs d'une « race » dangereuse, est un phénomène moderne qui coïncide avec la crise de l'État-nation et qui doit être distingué du vieil antijudaïsme religieux, lié à la querelle entre les deux religions du livre, qui laissait toujours aux juifs la possibilité de se convertir. Depuis la publication de l'ouvrage d'Arendt en 1951, les travaux des historiens ont compliqué et nuancé la thèse. On sait par exemple que pendant la période de la Reconquista espagnole, au cours de laquelle les souverains chrétiens d'Espagne reprennent les territoires de la péninsule Ibérique qui étaient tombés sous domination musulmane, les juifs comme les musulmans se voient imposer un ultimatum : se convertir ou partir. Mais il faut préciser que les juifs convertis n'avaient pas les mêmes droits que les autres chrétiens, du fait de la « pureté du sang » – l'expression est utilisée expressément. À l'époque, il y avait l'angoisse que les juifs et les musulmans s'infiltrent dans la société, et que cette « intégration » serait facilitée par la conversion. Même si cela est sans commune mesure avec la biologisation du racisme auquel procédera le nazisme, cela montre que la dimension raciale ou pseudo-raciale n'était pas absente de l'antijudaïsme religieux. L'antisémitisme moderne s'est nourri du darwinisme qui n'existait pas à l'époque de la Reconquista. Mais il faut admettre que dès le départ existait la volonté d'ancrer l'étrangeté irréductible du juif dans le biologique.

NA : Je critiquerai la thèse d'Arendt, mais pour une raison différente de la vôtre. À mes yeux, la négrophobie et le racisme contre les Noirs ne sont pas assimilables à l'antisémitisme, même sous sa forme moderne, biologisée. Pourquoi ? Si l'antisémitisme s'est biologisé dans la modernité, comme le soutient Arendt, il ne s'est jamais entièrement fondu dans le racisme physique et biologique. Alors que cette dimension est essentielle, constitutive même de la négrophobie. L'antisémitisme a toujours conservé une dimension plus sociale ou culturelle que biologique. Il vise un personnage du drame social davantage qu'un génotype… Ce n'est pas le cas avec le Noir. Pour une raison très facile à comprendre : la négrophobie s'attache à la couleur de la peau, qui est visible. Pour Hortense Spillers, une intellectuelle féministe afro-américaine, la peau n'est pas une apparence superficielle. Elle ne cache pas une similarité fondamentale, elle est au contraire porteuse d'une différence plus profonde de vécu de violence et de brutalité. C'est ce qu'elle montre avec le cas de l'esclavage en Amérique. Pour la première fois sans doute dans l'histoire, des bébés sont nés esclaves. Avant, les esclaves l'étaient sous condition : on devenait esclave pour des raisons politiques, militaires, judiciaires, c'était une peine, le résultat d'une défaite militaire ou une alternative à la peine de mort. Jamais dans l'histoire, pour aucune autre catégorie de la population que les Noirs, on en est venu à considérer que, dès la naissance, une catégorie de la population serait destinée à l'esclavage. C'est ce qui a été institué en vertu de la loi du *Partus sequitur ventrem* (« l'enfant suit la mère »), adoptée dès 1662 dans les colonies anglaises en Amérique, en Virginie notamment, et maintenue pendant plusieurs siècles, et même après l'indépendance des États-Unis : un bébé peut désormais naître esclave. L'anthropologue Claude Meillassoux a proposé le concept de « mort sociale » pour désigner cette institution. La négrophobie n'est pas seulement l'assignation d'une condition sociale dégradée à une couleur de peau, c'est aussi l'idée d'une population de moindre valeur et d'identité. Cette différence de naissance est ce qui a rendu possible l'intensification de la brutalité liée à cette condition à un niveau que l'on n'aurait jamais pu faire subir à un autre groupe social, appartenant à son propre peuple ou à un peuple voisin.

MM : Il y aurait donc, selon vous, une différence impensée ou sous-estimée entre la négrophobie et l'antisémitisme, trop rapidement fondus dans le concept englobant de racisme ? À quoi tient cette différence ? À la prévalence de la peau ? Aux expériences historiques du colonialisme et de l'esclavage, qui se sont sédimentées et greffées sur elle ?

NA : Oui, je crois que la comparaison et la confrontation entre la négrophobie et l'antisémitisme méritent d'être approfondies davantage, au-delà de toute forme de concurrence.

MM : Frantz Fanon le remarquait déjà : dans la vie sociale, le Juif est indétectable, indissociable du reste de la population au premier coup d'œil. D'où l'association du Juif au complot : son invisibilité phénotypique produit un désir d'autant plus aigu de l'identifier.

NA : Pour mieux comprendre cet enjeu, je voudrais revenir à la tuerie de Buffalo de Payton Gendron que j'ai déjà évoquée. Car Gendron a publié un long manifeste pour « justifier » son forfait. Une grande partie de ce texte est un copier-coller d'un manifeste sur le « grand remplacement » écrit par un autre tueur, Brenton Tarrant, qui avait commis une série d'attentats contre des mosquées dans la ville de Christchurch, en Nouvelle-Zélande, en 2019, faisant plus de cinquante morts. Mais Gendron ajoute une introduction, sous forme de questions-réponses, comme s'il répondait à une interview. Dans ce document, il explique s'être politisé sur Internet en lisant des mèmes[1] négrophobes et antisémites, ainsi que des *shitposts* (« publications stupides et mal construites ») sur des forums.

MM : Le philosophe Bernard Stiegler a travaillé sur les motivations des tueurs de masse. Il verrait sans doute une sorte de mépris de soi dans la revendication de Payton à justifier ainsi son acte par des éléments de discours frôlant la bêtise…

NA : Effectivement, mais Stiegler ne prend jamais en compte les motivations racistes. Ce qui est une erreur, à mon avis. Car la dimension de désespoir social ou psychologique ne suffit pas à expliquer des tueries de ce type. Gendron développe une véritable doctrine de *guerre révolutionnaire* à partir de mèmes négrophobes et antisémites. Or, là est le point le plus intéressant, il distingue ce qu'il appelle les *soft targets* et les *hard targets*, les cibles « douces » et les cibles « lourdes ». Les *soft targets* sont les cibles dont tout le monde se fiche : principalement les Noirs, réduits à des petits soldats utilisés par l'élite juive pour détruire la civilisation occidentale. Les *hard targets*, elles, correspondent à l'élite, au premier rang desquelles

1. Concept (texte, image, vidéo) massivement repris, décliné et détourné sur Internet de manière souvent parodique, qui se répand très vite, créant ainsi le buzz.

figurent les Juifs. Les petites cibles doivent absolument mourir, au contraire des Juifs, qui peuvent être contenus et envoyés en « Judée ». Ce qui m'intéresse ici est le rapport particulier entre racisme et négrophobie. Car tout se passe, dans ce délire, comme si les Noirs étaient des figurants de seconde catégorie d'un combat plus essentiel. Si on y prête attention, c'est le schéma que l'on a retrouvé en France lors de l'attentat de Mohamed Merah contre une école juive. Merah avait commencé par cibler des militaires noirs et arabes, perçus comme des traîtres ayant rejoint l'impérialisme. Quand il s'est aperçu qu'il était traqué et qu'il risquait d'être arrêté, il est passé aux *hard targets* : une école juive, des enfants juifs. Le postulat est aberrant, mais il donne à réfléchir. Car ces distinctions sont très répandues sur certains forums d'extrême droite. Eh bien, j'ai l'intuition qu'on tient là les premiers éléments d'une nouvelle doctrine du racisme contemporain.

MM : C'est très intéressant. Mais il ne me semble pas que cela « marche » pour le cas de Mohamed Merah. Pour ce dernier, il n'y a pas de distinction entre *soft* et *hard targets*. Car il a tué des *enfants* juifs, pas des membres de l'élite juive. Ce qu'il avait en tête, c'est d'abord et avant tout le conflit israélo-palestinien, avec une focalisation antisémite. Il a assassiné des militaires noirs et arabes en tant que traîtres à cette cause précise. C'est assez différent de la tuerie de Buffalo, non ?

NA : Peut-être, même si je crois que l'antisémitisme peut fantasmer des enfants sans défense comme des élites surprotégées. Mais restons un instant, si vous le voulez bien, sur le cas et le « manifeste » de Payton Gendron. Pourquoi m'a-t-il autant marqué ? Je croyais jusque-là que la question de l'antisémitisme n'était plus d'une grande importance, même si elle n'était pas réglée. Contrairement à d'autres groupes, les Juifs ne subissent plus dans notre monde de violences attestables par leur mode de vie ou leur espérance de vie. Les Juifs en Europe ou en Amérique du Nord sont la plupart du temps indétectables du reste de la population blanche, il n'y a pas de stigmate particulier attaché à leur phénotype. L'antisémitisme reste virulent dans l'ordre du discours, mais les indicateurs montrent qu'en dehors des *self-disclosure* (l'« autodéclaration »), il n'a pas de conséquence sur l'intégration des Juifs à la société. Eh bien, c'est cette idée naïve et réconfortante selon laquelle l'intégration des Juifs ne poserait plus de problème qu'en marge de notre société que la « doctrine » de Payton remet en question. En admettant qu'elle soit représentative d'une nouvelle tectonique des plaques du racisme, on doit admettre que l'antisémitisme et la négrophobie sont dorénavant imbriqués. Et il faut penser cette idée des *soft* et *hard targets*.

MM : L'espérance de vie est un critère important, je vous l'accorde. Vous semblez en faire *le* critère fondamental en ce qu'il permet d'objectiver les effets concrets de la discrimination. Si les Noirs vivent moins longtemps, c'est qu'ils subissent des discriminations en tous genres, de l'école à l'emploi en passant par l'hôpital ou la protection sociale, qui pèsent sur leur existence. Mais à mes yeux, ce n'est pas le seul critère objectif et pertinent. Parce qu'à ce compte-là, le fait que les femmes vivent plus longtemps que les hommes pourrait être avancé comme « preuve » de l'inexistence de la discrimination entre les hommes et les femmes ou comme « preuve » de la discrimination des hommes par les femmes – ce qui est absurde.

NA : Le problème de la surmortalité demeure. Et le critère de la durée de vie s'applique à des groupes démographiques complets comprenant les hommes, les femmes et les enfants…

MM : Oui, mais à l'intérieur même de ces groupes, le différentiel entre les hommes et les femmes existe… Revenons à la question qui nous occupe. On ne peut laisser croire que les Juifs ne subissent aucune discrimination au quotidien parce qu'ils ont une espérance de vie comparable aux autres catégories de la population. En France, il y a en permanence des attaques antisémites, et un véritable problème dans la manière dont on réceptionne le conflit israélo-palestinien. Une partie importante de la population juive a même migré hors des banlieues en raison de l'antisémitisme qu'elle y subit au quotidien, notamment de la part des populations noires et d'origine immigrée qui sont ghettoïsées dans ces quartiers.

NA : Les Juifs déclarent en effet être victimes de propos antisémites dans les banlieues. Mais l'exode massif des populations juives hors de ces quartiers est-il l'effet de cet antisémitisme ? Ou procède-t-il du fait de devoir vivre avec des populations immigrées et de ne plus le vouloir ? Si des Juifs quittent les banlieues, ils ne vont pas dire ouvertement qu'ils le font parce qu'ils n'aiment pas les Noirs et les Arabes… Nous vivons dans un climat politique où ces populations sont décrites comme des sauvages avec qui on ne peut cohabiter et qu'il vaut mieux fuir. Pour l'historien Georges Bensoussan, les Arabes tètent l'antisémitisme avec le lait de leur mère. L'influence de cette idéologie peut aussi expliquer ces enquêtes d'opinion. Or, si on regarde les choses objectivement, les Juifs ne font pas partie des personnes surexposées aux discriminations.

Aux États-Unis, ils ont même tendance à vivre plus vieux. Car ils font pleinement partie des populations blanches…

MM : Là je suis en total désaccord avec vous. Il faut écouter les Français juifs. Beaucoup ont témoigné pour dire qu'ils ne supportent plus les croix gammées sur leur porte, les remarques lancées à leurs enfants à l'école, etc. Faire fi de ces témoignages oraux, les discréditer même, au nom du critère objectif que serait l'espérance de vie me semble très problématique. Pour toutes les autres discriminations, on accepte de les prendre en compte. Les chiffres des violences sexuelles, par exemple, reposent essentiellement sur du déclaratif. Car le nombre de plaintes est infime par rapport à la réalité du phénomène. Vous prétendez qu'on n'aurait aucun moyen de savoir si quand les Juifs quittent massivement tel ou tel quartier, ce serait en raison de l'antisémitisme ou pour d'autres raisons inconscientes. Mais si, on le sait ! On le sait par les mêmes moyens dont on dispose pour déterminer l'islamophobie ou la négrophobie dans telle ou telle catégorie de la population : par des enquêtes auprès de ceux qui sont victimes de ces discriminations et en témoignent. Et dont on ne met pas en doute le témoignage.

NA : Personnellement, je les examine toujours avec prudence. Et je considère que le critère de la durée de vie est un critère plus objectif que les déclarations que font les individus sur leur situation.

MM : Dans ce cas, abordons le problème sous un autre angle. En France, les Juifs sont les premières victimes du terrorisme. Mais vous admettrez avec moi que ce constat ne doit pas nous conduire à conférer une place plus importante à l'antisémitisme, à lui attribuer une importance hiérarchique plus grande. Des militants antiracistes affirment de leur côté que les Juifs ne sont pas ceux qui subissent le racisme quotidien, institutionnel, d'accès à l'embauche ou au logement et que donc l'antisémitisme est moins important que la négrophobie ou l'islamophobie. Ces manières insidieuses d'établir une concurrence et une hiérarchie dans l'échelle de la gravité me semblent irrecevables. Ce passage du constat factuel à l'établissement d'une hiérarchie morale pose problème. C'est à l'origine d'une forme de concurrence victimaire qui gangrène les mouvements militants antiracistes. Comme s'il était nécessaire de trouver une hiérarchie ou de prioriser un combat par rapport à l'autre, au lieu de mutualiser les expériences. J'en mesure les dégâts au quotidien. Je vois des camarades qui se déchirent sur la question de savoir qui doit passer devant qui, quel combat prioriser par rapport à l'autre…

NA : Je vais peut-être vous heurter, mais je pense que cette priorisation est au contraire absolument nécessaire. Parce que c'est ainsi qu'on pose un sujet politique. Pour qui est-ce que je me bats ? Quels intérêts est-ce que je défends ? On touche là à l'essence de la politique. La question n'est pas de savoir si les Juifs sont des Blancs… ou pas. La question est de savoir où ils se situent politiquement. Et ce qui me frappe, c'est de voir les effets de ce que l'historien Enzo Traverso appelle « la fin de la modernité juive ». Des personnalités juives importantes estiment dans leur intérêt de défendre le suprémacisme blanc, comme Éric Zemmour ou l'avocat William Goldnadel en France ou le journaliste Ben Shapiro aux États-Unis. Il est troublant de voir le célèbre « chasseur de nazis » Serge Klarsfeld accepter une décoration du maire d'extrême droite de Perpignan, Louis Aliot. C'est un changement du climat politique.

MM : Éric Zemmour n'est pas un militant de la cause juive !

NA : En effet, c'est un militant et un démagogue qui se définit comme juif et qui est suprémaciste blanc !

Et qui a récolté deux millions et demi de voix lors des dernières élections présidentielles.

MM : Zemmour, dont le succès est le produit d'une construction médiatique, se définit comme français avant d'être juif et fait tout pour nier cette part de son identité...

NA : Il se définit comme « israélite français ».

MM : Un israélite français qui reproche aux familles des victimes juives de Mohamed Merah d'avoir fait enterrer leurs morts en Israël... Il y a d'autres intellectuels, artistes ou penseurs juifs qui ne se reconnaissent absolument pas dans cette ligne. Il ne faut pas confondre le poids médiatique de ces individus avec leur importance idéologique. Par ailleurs, l'attitude de Zemmour justifie-t-elle pour les Noirs de se désolidariser de la lutte contre l'antisémitisme ?

NA : Je ne prends pas Zemmour comme un porte-parole légitime des Juifs de France. Mais comme une figure symptomatique d'une partie de la communauté juive contemporaine hostile à d'autres minorités. C'est ce qui faisait dire à la journaliste Élisabeth Lévy sa préférence pour le vieil antisémitisme français par contraste avec celui des immigrés, jugé plus brutal. Il existe des personnes qui performent dans l'espace public une « position » juive que j'interprète comme une position suprémaciste blanche. Cela ne veut pas dire que l'ensemble de la communauté a basculé dans la réaction ou le racisme. Ni que la pensée juive est infusée par l'extrême droite. Mais qu'il existe désormais une compatibilité politique entre la position sociale juive et l'extrême droite, qui est le fruit d'un travail militant. La défense de la communauté juive est mise en avant dans les discours des partis conservateurs, ce qui n'est pas le cas des populations musulmanes par exemple. Cela crée des expériences dissemblables.

MM : Mais toutes les communautés sont traversées par ces tentations identitaires. N'y a-t-il pas un mouvement de suprémacisme noir aux États-Unis, comme il peut y avoir des juifs suprémacistes ?

NA : Le rappeur Kanye West est une figure emblématique à cet égard : un suprémaciste blanc et antisémite qui est noir !

MM : Je ne suis pas sûre que ce soit un très bon exemple. Il est bipolaire et ne cesse de se contredire.

NA : Mais ce n'est pas seulement individuel. La folie peut révéler quelque chose de la société.

MM : C'est un peu comme l'humoriste Dieudonné chez nous, qui a basculé dans l'extrême droite. Mais justement, son itinéraire nous fonde-t-il à affirmer qu'il y a une « compatibilité » sociale entre la communauté noire et l'extrême droite ? Bien sûr que non ! Dans *Des Blancs comme les autres ?*, Illana Weizman*, autrice et militante juive intersectionnelle, parle de « l'angle mort » de l'antisémitisme au sein de l'antiracisme. Elle pose des questions difficiles. Pourquoi, par exemple, la question du sionisme ressurgit-elle de manière obsessionnelle chez les militants de l'antiracisme ? De vieux réflexes ressortent, y compris chez des personnes qui les dénoncent dans d'autres situations. Dans ces milieux, le problème de l'antisémitisme est de plus en plus considéré comme un produit rapporté, qui ne ferait pas pleinement partie des luttes antiracistes…

NA : Pourquoi des camarades « sincères » de l'antiracisme ont-ils tendance à considérer de manière différente l'antisémitisme par rapport à la négrophobie et à l'islamophobie ? Il y a des raisons objectives à cela. Comme le dit le philosophe Lawrence Blum, aujourd'hui les Juifs sont vulnérables, mais ils ne sont pas infériorisés, alors que les Noirs sont à la fois vulnérables et infériorisés. Illana Weizman base son raisonnement sur une approche de la « blanchité » qui me semble caduque. À ses yeux « la blanchité n'a pas grand-chose à voir avec la couleur de peau », comme si on pouvait déconnecter ce phénomène des réalités empiriques les plus banales. Cela lui permet de placer les Juifs en totale extériorité par rapport à cette blanchité, mais cette astuce ne me convainc pas. La valorisation esthétique blanche et le dégoût face à la hideur noire font partie intégrante de l'histoire du racisme. En 2007, une loi visant à interdire le blanchiment de la peau – une pratique incroyablement dangereuse – a manqué d'être adoptée en Jamaïque. C'est dire l'influence de cet idéal de blancheur : il pousse à défendre l'aliénation comme si elle était une liberté. En 2022, les concours de beauté du pays ont banni le recours à ces substances, mais ils sont encore en vente libre un peu partout dans les Caraïbes et en Afrique. Un concept métaphysique de « blanchité » perd toute pertinence pour penser l'expérience noire et ce alors même que ce sont des activistes et penseurs noirs qui ont posé les fondements de notre critique de la suprématie blanche. Si le terme « blanc » a perdu de sa clarté, on pourrait alors parler grec et dire que de nombreux Juifs sont effectivement « leucodermes ». Cela n'est pas sans conséquence. Cette « leucodermie » au sein d'une société qui l'assimile à la civilisation et qui infériorise les groupes immédiatement identifiables comme étrangers n'est pas sans lien avec l'agenda politique de ceux qui déclarent : « Notre camp est celui des

Blancs chrétiens » tout en se revendiquant comme juifs ou israélites.

MM : Ce qui me dérange, c'est l'idée qu'on peut tirer une généralité, une sorte de convergence structurelle, à partir de cas individuels. En France, des personnalités noires se retrouvent à soutenir des thèses d'extrême droite, allons-nous considérer de ce fait que la solidarité avec l'ensemble de la communauté noire n'a plus lieu d'être ? Qu'il y a une compatibilité intrinsèque entre la communauté noire et les thèses d'extrême droite ? Non ! Plutôt que de comptabiliser, il faudrait s'interroger : comment se fait-il que même au sein de communautés discriminées, certaines personnes basculent vers l'extrême droite ? La métaphore camusienne de la peste peut permettre de comprendre le système raciste : tout le monde la respire, à des degrés divers. Les gens n'ont pas les mêmes symptômes, mais personne n'est indemne. En France, ce n'est pas le charisme et la stratégie de prudence de Marine Le Pen qui ont amené un nombre toujours plus important d'électeurs au RN. Le pouvoir charismatique a ses limites. Non, les idées du RN se sont banalisées. Et la fabrication du barbare, la désignation de l'autre, est omniprésente. Les médias jouent un rôle décisif dans la banalisation de l'image de « l'autre » qui divise le « nous », que ce soit le Noir, le Juif, le pauvre, le migrant, la

« fémininazie »... C'est le propre d'un tel trope de pouvoir être réinvesti pour s'adapter à l'idéologie de chacun, dans une logique de bouc émissaire. Mais le fond est le même : capitaliser sur un sentiment populaire croissant de déclassement, la peur, le chômage, l'insécurité culturelle. Lorsqu'on subit quelque chose, on cherche à en isoler la cause et à l'incarner, pour la charger de tout ce que l'on déteste ou ce que l'on croit devoir détester : l'immigré, le Noir, le Juif. Face à cette logique omniprésente, nous serions plus avisés, je crois, de lutter ensemble plutôt que de hiérarchiser et de concurrencer les bonnes et moins bonnes victimes du racisme. Comme le dit Camus, la peste est revenue. Et elle traverse tous les camps.

NA : « Ils ne mouraient pas tous, mais tous étaient frappés », comme disait La Fontaine...

MM : Oui. Et il conviendrait de s'unir pour décrypter les nouveaux dispositifs de production de la discrimination qui sont utilisés contre les Noirs comme contre les Juifs, les Arabes ou les homosexuels... On peut par exemple faire un parallèle entre l'antisémitisme et l'homophobie. En Tchétchénie, les discours de Kadyrov affirment que puisqu'on ne peut pas reconnaître les homosexuels, il faut être attentif pour les détecter...

NA : Effectivement, d'ailleurs on parle de « lobby juif » comme de « lobby gay ». Les idéologues de l'antisémitisme ont toujours été à la recherche d'un critère objectif pour repérer les Juifs. Il s'agissait de pouvoir les identifier corporellement de sorte à pouvoir mettre en mouvement toute la machinerie politico-économique contre eux. Mais l'invisibilité du Juif n'a jamais pu être totalement surmontée. À l'inverse du racisme contre les Noirs, qui fait également appel à d'autres dimensions du désir, notamment la dimension sexuelle : la figure du violeur, la femme licencieuse, etc.

MM : Je vous accorde que le racisme varie en effet en fonction des fantasmes spécifiques qui entourent les figures du Juif et du Noir. Le Noir comme le Maghrébin représentent la race autre en tant qu'inférieure. Le Noir est l'idiot, il est censé avoir un cerveau plus petit. Le Juif, lui, n'est pas méprisé : il est l'autre envié. On ne soupçonne pas le Noir de tirer les ficelles d'un complot mondial. Mais cela n'empêche pas l'antisémite de poser un lien entre le physique et le mental : on ne peut pas le repérer, donc il se cache. Cela explique en partie l'idée dont vous parliez qu'il serait une *hard target.* Le Juif a plus de facilité à s'immiscer dans les canaux du pouvoir car on le repère difficilement.

NA : Cela tient aussi au fait que l'intégration des populations juives n'est pas la même que celle des Noirs.

MM : Dans une interview de 1998, l'écrivaine Toni Morrison explique que lorsque les immigrants allemands, irlandais et italiens sont arrivés aux États-Unis, ils sont restés entre eux, créant des quartiers spécifiques. Mais, grâce à leur couleur de peau, ils avaient l'option de laisser de côté leur origine. Même s'ils ont subi un racisme terrible, ils avaient la capacité, *in fine*, de se fondre dans la foule. Ce qu'ils ont fini par faire. À partir de la seconde génération, les enfants des migrants européens sont allés dans les mêmes écoles que les autres Américains, ils ont perdu leur accent, etc. Ce ne fut absolument pas le cas des Noirs. Certes, avec la fin de la ségrégation, certains d'entre eux ont pu faire des études, intégrer les classes supérieures, devenir des acteurs et des chanteurs reconnus, etc. Mais le fait est qu'on peut toujours les repérer dans une foule de Blancs. Cette différence factuelle – ou « factice », comme dirait Sartre – a eu un impact décisif dans la construction d'un racisme spécifique. Et, je suis d'accord avec vous, il faut en tenir compte quand on essaie de le déconstruire ou de le combattre. Mais cela n'implique pas d'entretenir une concurrence et de monter les communautés les unes contre les autres.

NA : Sans doute, mais je pense que tout dépend des buts qu'on se donne. Je ne suis évidemment pas contre une alliance collective pour lutter contre le fascisme. Il faut sans doute y réfléchir et essayer de les soutenir, à condition qu'elles soient respectueuses de nos objectifs et de nos personnes. Mais la question noire se pose globalement. Même si les fascistes perdent les prochaines élections, Haïti sera toujours le pays le plus pauvre de l'hémisphère ouest, l'Afrique subsaharienne sera toujours la partie la plus pauvre du monde et les Noirs seront toujours considérés comme les inadaptés de notre société. Il est important d'avoir un véritable projet : comment sortir de l'abjection de la population noire ? Il faut imaginer un autre monde, où la négrophobie deviendrait difficile, où les Noirs ne seraient plus misérables, dans une absence totale de puissance diplomatique. Où les États africains ne seraient plus en délabrement, où le continent ne serait plus un simple vivier de ressources et de matières premières, où les États auraient les moyens de faire subsister leur population. Nous vivons dans un monde de catastrophes pour les individus qui me ressemblent. Face à cela, je considère que nous devons construire une tout autre solidarité, remettre en avant notre dignité, et pas simplement tenter de faire ami-ami avec des personnes dont nous ne sommes même pas sûrs qu'elles nous considèrent comme des êtres humains…

Chapitre 4

Et l'islamophobie ?

Les musulmans, la laïcité et le droit à l'offense

Marylin Maeso : Certains tendent à penser que ce qu'on appelle communément l'« islamophobie » porte sur des croyances et des convictions librement choisies et pas sur des personnes en fonction de leur origine « ethnique », et ne relèverait donc pas, par conséquent, du racisme. Du point de vue des victimes de cette discrimination, cela fait naître un sentiment d'injustice. Après tout, disent-ils, l'antisémitisme, qui peut parfois être associé à l'antijudaïsme, est bien considéré comme une forme de racisme. Si l'antisémitisme, qui vise les Juifs, est un racisme, pourquoi l'islamophobie qui vise les musulmans ne pourrait-elle pas être considérée, elle aussi, comme une forme de racisme ? Concrètement, ne faut-il pas admettre que certains discours de l'extrême droite contre l'Islam et les musulmans ne relèvent pas de la seule critique d'une religion mais de l'ostracisme vis-à-vis d'une communauté ? À mes yeux, tout cela est très confus, et nous sommes d'abord confrontés à un problème de vocabulaire. Nous manquons de mots pour distinguer différents phénomènes. En ce qui concerne les Juifs, nous disposons de plusieurs termes : « antisémitisme », « judéophobie », « antijudaïsme » – ce qui rend déjà plus simple le travail de nuance et de précision qui est essentiel dans ce domaine. La judéophobie désigne la haine très ancienne du peuple juif ; l'antijudaïsme désigne l'hostilité envers la religion juive et l'antisémitisme renvoie à la discrimination des Juifs surgie au XXe siècle avec le nazisme. Il faut les distinguer tout en gardant à l'esprit que ce ne sont pas des phénomènes étanches, et que l'un peut se nourrir de l'autre. J'en parlais tout à l'heure avec la Reconquista : dans l'antijudaïsme chrétien du Moyen Âge, il y a déjà une dimension raciste. Concernant les musulmans, on peut parler de musulmanophobie, de haine antimusulmane, de racisme envers les musulmans, mais force est de constater que le terme qui tend à s'imposer le plus dans le débat public, c'est celui d'« islamophobie ». De ce fait, on se retrouve à devoir décrire des situations complexes – par exemple dire qu'on est contre un dogme de l'islam, ou contre telle ou telle croyance, sans pour autant avoir aucune hostilité envers les personnes. Ne disposer que d'un mot pour désigner ces phénomènes qui ont des ressorts différents n'est pas aisé. Certains rétorquent que c'est un faux problème, que la définition du mot « islamophobie » est très claire, qu'il désigne l'hostilité envers les personnes identifiées comme musulmanes et non envers des dogmes religieux, mais c'est confondre, à mon sens, la règle avec l'usage. Qu'un mot soit clairement défini dans le dictionnaire n'empêche pas qu'on l'utilise n'importe comment.

Norman Ajari : Est-ce que ce n'est pas un rêve de philosophe de croire qu'en clarifiant les mots, on va sortir du conflit ? Comme si le débat public était un débat entre linguistes. Mais les conflits politiques ne sont pas des batailles sémantiques… Et s'entendre sur les mots ne suffira pas à régler les différends entre communautés.

MM : Je ne prétends pas que cela suffise. Je dis seulement qu'il est nécessaire de bien nommer les choses. Comment combattre efficacement ce qu'on a mal identifié dès le départ ? Et posons la question : qui a intérêt à ce que ce travail de clarification et de distinction ne soit pas fait ? En Israël, on voit bien qui a intérêt, dans la classe politique, à tout confondre et à considérer que toute critique vis-à-vis d'Israël et de sa politique soit assimilée à de l'antisémitisme. Or, il est possible et nécessaire, à gauche notamment, d'être critique vis-à-vis de la politique israélienne sans pour autant avoir des biais antisémites. Ce sont les mêmes distinctions qu'il faut apprendre à faire avec l'Islam et les musulmans.

NA : Admettons ces distinctions. Reste cependant une question de fond : la haine contre les musulmans a-t-elle, oui ou non, un fondement raciste ?

MM : De mon point de vue, il ne serait pas juste de considérer que l'antisémitisme est un racisme et que l'islamophobie ne peut pas l'être, si l'on entend par « islamophobie » (terme que je n'emploie pas, personnellement, pour éviter toute confusion) la discrimination envers les musulmans. L'antisémitisme fonctionne en fabriquant une essence du Juif, qui n'accéderait pas au même degré d'humanité que les autres. On connaît bien tout l'imaginaire qui compare les Juifs à des sorcières, les doigts crochus, l'idée qu'ils sacrifient des enfants... Aujourd'hui, le discours de l'extrême droite vis-à-vis des musulmans ne procède-t-il pas également en essentialisant une série de préjugés ? Le rejet de l'Islam n'est-il pas mobilisé dans le but plus ou moins tacite de fabriquer la figure du musulman comme ennemi de l'intérieur qui veut coloniser, remplacer le « bon » Français, et qui serait incompatible avec la République ? Lorsque ce ressort-là est en jeu dans le rejet de l'Islam, je pense que nous sommes face à un racisme, oui. Et d'ailleurs, cette tendance à l'essentialisation se traduit par des amalgames trahissant une ignorance grossière : le musulman est alors souvent confondu avec l'Arabe, alors que tous les Arabes ne sont pas musulmans, et que la majorité des musulmans dans le monde ne sont pas arabes. Dans ce cas, l'enjeu est moins l'Islam ou la religion, que la fabrique d'un étranger, non ? Qu'en pensez-vous ?

NA : Je pense que l'islamophobie est sans aucune contestation possible un racisme. Mais j'ajouterai que c'est un racisme qui a – comme les autres – une histoire spécifique. Il tire ses racines des grandes croisades, de la campagne d'Égypte de Napoléon, puis de la période de la conquête de l'Algérie. Au fil de cette histoire, des représentations particulières se sont cristallisées, et ce ne sont pas les mêmes que celles qui caractérisent les Noirs et les Juifs. L'anthropologue libano-australien, professeur à l'université de Melbourne, Ghassan Hage*, a écrit un essai très intéressant sur cette question, intitulé *Le Loup et le Musulman* (Wildproject, 2021). Il soutient que le musulman en est venu à incarner, dans les sociétés occidentales contemporaines, la figure de l'inimitié sous les traits du « loup ». Ce n'est pas l'ennemi informe et non localisable qu'est le Juif, ni la bête de somme possiblement dangereuse mais souvent docile qu'est le Noir. Le musulman est un ennemi à la lisière du territoire qui doit être éliminé afin de préserver un « chez-soi ». C'est un prédateur face auquel il faut mobiliser les bonnes armes afin de s'en débarrasser. La métaphore est assez juste. Elle s'applique en tout cas plutôt bien à la politique de « contre-insurrection » qui a été mise en place au lendemain des attentats du 11 Septembre par l'Amérique et l'Occident. Cette stratégie contre-insurrectionnelle est un héritage des guerres d'Algérie et d'Indochine. Elle est le fruit de la discussion stratégique issue du moment colonial et postcolonial. Mao affirmait que le soldat ou l'activiste qui libère son peuple de l'occupation coloniale doit être avec son peuple « comme un poisson dans l'eau ». L'activiste de la lutte armée anticoloniale n'est plus un soldat en tenue sur le champ de bataille, mais un agent qui doit tout faire pour éviter d'être repéré par l'adversaire : c'est la base de la tactique de guérilla qui consiste à se fondre dans la masse et à frapper l'ennemi quand il ne s'y attend pas. Et la stratégie de la « contre-insurrection », mise en place au moment de la guerre d'Indochine, se définit en opposition à cette doctrine : c'est une stratégie qui cherche à repérer les ennemis de l'intérieur, à séparer le bon grain de l'ivraie. Eh bien, à mes yeux, c'est cette stratégie qui a muté du champ militaire au champ social, en France, et qu'on applique au traitement des musulmans…

MM : Mais iriez-vous jusqu'à dire que la défense de la laïcité et l'interdiction légale du port du voile à l'école relèvent de cette stratégie ? Relèvent-elles de l'islamophobie, et donc du racisme ?

NA : À mes yeux, cela ne fait pas l'ombre d'un doute. La loi d'interdiction des « signes religieux ostentatoires » est née d'un débat qui portait exclusivement sur le voile islamique. Le fait qu'on ait parlé des signes religieux en général ne doit pas faire illusion. Je suis d'ailleurs favorable à la levée de cette interdiction qui n'a pas de sens selon moi. J'habite aujourd'hui en Écosse, j'habitais auparavant aux États-Unis : des pays qui sont des démocraties libérales au même titre que la France, et où porter des vêtements religieux à l'école ou à l'université ne pose pas de problème ! En France, c'était d'ailleurs la position émise au départ par le Conseil d'État qui avait affirmé qu'il n'était pas contraire à notre Constitution que des personnes aient la tête couverte à l'école. Mais il y a eu un revirement idéologique de la société française. Et on a utilisé la laïcité pour interdire le port de signes religieux à l'école. Pour toute une série de raisons, liées à l'histoire longue de la colonisation et à l'histoire brève du terrorisme islamique, l'Islam est désormais perçu comme un espace d'hostilité qu'il s'agit de sonder, de mettre sous pression afin d'en faire ressortir les éléments considérés comme dangereux, et de les analyser, les ficher, les expulser. Or, les autorités ont oublié que cette population est une population de citoyens et d'étrangers (en situation régulière ou non), qui doit être traitée en fonction des droits de l'homme. La logique militaire n'est pas une logique qui considère les gens comme des citoyens, des personnes porteuses de droits, mais comme des problèmes. Le choc entre ces deux logiques crée des conséquences qui sont dangereuses, et nous n'avons pas assez de conscience démocratique pour se garder de ces effets délétères. J'ajouterais que, sous le coup de l'obsession du voile, la France tend à faire du principe de la laïcité un principe intouchable, indépassable, tout en refusant de s'intéresser à la manière dont les choses se passent ailleurs. La France ne se compare plus qu'à elle-même. Mais vous, qu'en pensez-vous ?

MM : J'ai une position sensiblement différente de la vôtre. D'abord je crois qu'il faut distinguer la loi des débats parfois très vifs qui ont eu lieu. Certains traitements étaient clairement islamophobes, considérant l'islam comme une religion en soi problématique et stigmatisant les musulmans dans leur ensemble. Or, c'est le contraire de l'esprit de la loi et de l'esprit de la laïcité qui visent à rendre possible le libre exercice des cultes dans l'espace public tout en préservant la liberté de conscience de chacun.

NA : Le débat s'est focalisé sur l'islam pour une raison simple. Le point de départ de la loi de 2004 interdisant « le port de signes religieux ostensibles » à l'école remonte au port du voile musulman par certaines jeunes filles, quinze ans plus tôt à Creil. De même, la loi de 2010 interdisant « la dissimulation du visage dans l'espace public » découle du port du voile intégral par certaines musulmanes dans l'espace public…

MM : Oui, cela a créé un malaise. Car alors qu'on attendait une interrogation philosophique de fond sur la présence de la religion à l'école, le débat a systématiquement dérivé sur la question de savoir si l'islam était différent du catholicisme et devait être traité différemment. À mes yeux, il est important de distinguer le débat philosophique de fond et le glissement historique. Et je regrette à cet égard qu'on ait oublié que cette question avait une longue histoire. Elle ne remonte pas à la loi de 2004 sur l'interdiction des signes religieux ostentatoires. Ni en 1989 au moment où des jeunes filles se voient interdire l'accès au lycée à Creil, en banlieue parisienne, parce qu'elles portent le voile. Non, elle remonte à la définition de l'école laïque au début du XXe siècle. En 1903, une commission spéciale, présidée par Ferdinand Buisson et Aristide Briand, fut ainsi chargée d'examiner les conséquences de la séparation de l'Église et de l'État dans une perspective d'apaisement et de consensus. Il s'agissait d'assurer la liberté de conscience et de croyance de chacun – en permettant ainsi le port d'emblèmes religieux – tout en affirmant la neutralité de l'État – les agents de l'État se voyaient interdits d'aborder ces emblèmes. En 1937, une circulaire du ministre Jean Zay contre l'introduction de signes politiques, suite à la montée des ligues d'extrême droite, précise que « les écoles doivent rester l'asile inviolable où les querelles des hommes ne pénètrent pas ». Il me semble qu'on aurait dû revenir sur cette histoire pour mieux comprendre les enjeux de ce débat avant qu'il ne vire à la polémique. Par exemple, on pourrait s'intéresser à la position développée par le philosophe Paul Ricœur, aux côtés de sa consœur Monique Canto-Sperber, dans une tribune de décembre 2003 publiée dans *Le Monde* au moment où l'éventualité d'une loi interdisant les signes ostentatoires à l'école faisait débat. Selon eux, la laïcité doit assurer à chacun la possibilité de s'émanciper de ses appartenances et de ses origines. Mais, ajoutent-ils, le refus de la discrimination et l'émancipation par le savoir définissent l'objectif de l'école, sa finalité, et non son point de départ. Or, d'après eux, interdire le voile, ce serait faire de cet objectif un prérequis excluant. Je les cite :

> « Dans l'enceinte scolaire, le principe de la non-discrimination entre fille et garçon est fondateur. Le foulard y porte directement atteinte. Peut-on déduire de ce constat qu'il faut l'en bannir ainsi que les filles qui le portent ? L'école n'est-elle pas le lieu où ces jeunes filles pourront faire l'expérience de l'égalité entre filles et garçons ? Le foulard les stigmatise comme femmes, mais les professeurs et les autres élèves les traitent comme égales. Ce seul rappel suffit à convaincre qu'il est d'autant plus nécessaire qu'elles suivent le même enseignement que les autres enfants de leur âge. Car le sens le plus profond de l'exigence d'égalité à l'école est bien là : permettre aux jeunes filles voilées d'accéder à cette forme de vie où elles sont traitées pareillement aux garçons. Les exclure, c'est [...] décider délibérément de ne pas les traiter comme les autres. »

Cette position consiste donc à dénoncer le voile pour ce qu'il est – un vecteur de discrimination entre les filles et les garçons – tout en refusant de redoubler l'exclusion dont ce symbole est porteur par celle qu'impliquerait une loi d'exclusion des élèves souhaitant porter le voile dans l'enceinte de l'école. Cette réflexion me semble importante, même si je ne partage pas les conclusions des auteurs sur la loi de 2004. Tout ce que je peux dire à mon niveau d'enseignante, c'est qu'aujourd'hui, l'application d'une laïcité apaisée et libérale me semble difficile. Les élèves arrivent à l'école avec des identités encore plus affirmées, avec des expériences de discriminations plus vives mais également des préjugés qui se solidifient tôt. Je suis donc très inquiète quant à la possibilité pour l'école d'absorber ces conflits. En tout cas, je suis convaincue que quoi qu'on pense d'elles, les lois sur la laïcité ne suffisent pas à régler la question.

NA : Mais ne pensez-vous pas que nous devrions avoir le courage de remettre en cause le principe même de la laïcité ? On fait comme si le modèle de la laïcité à la française était un patrimoine indiscutable. Même des esprits modérés comme Paul Ricœur et Monique Canto-Sperber ne le remettent pas fondamentalement en question. Ils se soucient de son application, ils en font une finalité plutôt qu'un prérequis, mais ils ne remettent pas en question l'idée que la laïcité, ou d'une manière plus générale le sécularisme (le rejet de la religion hors de l'espace public), soit une fin. Le messianisme très français de l'école, qui lui attribue une mission civilisatrice et non seulement le but d'instruire, m'inquiète davantage qu'il ne me rassure. C'est un modèle très spécifique, peut-être historiquement daté.

MM : Je ne pense pas que Ricœur et Canto-Sperber célèbrent le sécularisme sans le questionner. Ricœur est d'ailleurs un penseur chrétien revendiqué. Il me semble qu'ils essaient surtout de prendre position sur le rôle de l'école : leur idée est qu'elle doit offrir aux élèves une porte d'entrée, quelle que soit leur origine, un possible menant à divers endroits qui ne leur sont pas nécessairement accessibles en dehors. En ce sens, ils vont au-delà de la question de la sécularisation. On peut relever, par exemple, que de nombreux opposants à la loi de 2004 approuvent le principe de neutralité des agents du service public, mais ne voient pas de raison d'imposer une telle neutralité aux élèves, qui n'incarnent pas l'État et ne représentent qu'eux-mêmes. Un autre problème caractéristique de ce débat est que les motifs sont parfois mélangés alors qu'ils devraient être distingués : la question de la laïcité ne se confond pas avec l'objection féministe faite au voile, par exemple. Or, que ce soit la loi de 2004 sur les signes ostentatoires ou celle de 2010 sur l'interdiction de la dissimulation du visage dans l'espace public, ces lois avancent des justifications (principe de laïcité pour la première, principe de sécurité pour la seconde) qui ne sont pas forcément celles qui pèsent le plus dans le débat public, où la critique féministe du voile ou du niqab tient une place importante. Ces vêtements ne sont portés que par les femmes, il y a un fond patriarcal commun à toutes les grandes religions monothéistes, et au-delà. On doit pouvoir dire cela sans être taxés d'islamophobie. Les féministes occidentales ont déconstruit la symbolique patriarcale inhérente au corset, aux talons aiguilles, au maquillage, à la minijupe, au *male gaze*, etc. *A fortiori*, il ne devrait pas y avoir de problème à poser le même regard sur le niqab. Mais peut-on déduire de la nature foncièrement misogyne d'un objet la nécessité de l'interdire ? Là est la question de fond, plus délicate. Là-dessus, la loi ne tranche pas, et je ne suis d'ailleurs pas persuadée que ce soit sa fonction.

NA : Je n'en suis pas certain. Le voile intégral fait aussi partie d'une stratégie de guerre, de dissimulation. Les enjeux stratégiques autour de sa version algérienne, le *haïk*, ont d'ailleurs été décrits dans le livre de Fanon *L'An V de la révolution algérienne*. Je pense au contraire que la dimension féministe n'a été que l'enrobage d'un discours stratégique.

MM : Il s'agit d'un véritable problème philosophique, dans lequel l'école a un rôle à jouer. J'ai constaté à quel point les particularismes des élèves pouvaient prendre de la place en classe et entraver le bon fonctionnement des cours. Dans le cadre de mes ateliers, j'ai remarqué qu'à mesure que les élèves avancent en âge, les particularismes se solidifient et se manifestent de façon plus péremptoire. Les plus jeunes sont curieux, discutent avec intérêt, sans s'énerver ou hausser le ton entre eux, et en savent d'ailleurs beaucoup plus que ce qu'on imagine. Au contraire, il y avait une telle violence dans les échanges lors de l'atelier que j'avais animé en classe de terminale !

NA : L'adolescence est un âge où s'expriment différentes formes de vulnérabilité et de mécanismes de défense. Je me souviens d'avoir défendu en terminale des théories conspirationnistes concernant le 11 Septembre, et je n'étais pas le seul ! J'ai rapidement abandonné ces visions du monde. Paradoxalement, l'âge du lycée me semble être le moins propice à l'apprentissage. On désire embrasser une idée, non chercher la vérité.

MM : Certes, mais il y a quand même un problème de fond laissé irrésolu par la loi de 2004. Ce n'est pas parce que vous faites enlever un couvre-chef qui est un symbole religieux à l'entrée de l'école que vous changez quoi que ce soit aux convictions des élèves. Et ce ne sont pas nécessairement les élèves qui portent le voile qui sont les plus radicaux. Quand j'enseignais à l'université, par exemple, un de mes étudiants qui ne portait pas de signe ostentatoire (alors que c'est autorisé) me rendait des dissertations hors sujet qui étaient des pamphlets catholiques intégristes. Quand on interroge les élèves au lycée, on s'aperçoit qu'ils ne comprennent pas toujours la raison d'être de la loi de 2004, voire qu'ils expriment une certaine amertume vis-à-vis d'elle. Il y a de l'irrésolu. Il revient aux professeurs d'expliquer la laïcité, mais leur travail est constamment sapé par ce qu'il se passe en dehors de l'enceinte de l'école, et notamment par un certain traitement médiatique. Beaucoup d'adultes ne sont pas du tout au clair sur le sujet. Il y a une ignorance entretenue, volontairement ou non.

NA : Il faut néanmoins s'interroger : que se passe-t-il quand nous mettons le principe de la laïcité entre parenthèses ? Si nous comparons la France à d'autres démocraties libérales dans lesquelles il n'est pas appliqué, que se passe-t-il ? Eh bien, cela ne se passe pas si mal que cela… Et il y a souvent moins de tensions. Aujourd'hui, en France, la loi sur la laïcité fait encore l'objet de discussions dans le débat public. Et le nouveau ministre de la Justice, Pap Ndiaye, a eu des propos sur la question que je trouve atroces. Il considère qu'il existe des « vêtements religieux par destination » – les fameuses

« abayas » – que les professeurs auraient à charge de reconnaître. Demander à des chefs d'établissement de juger à partir de critères qui ne sont pas objectifs mais purement subjectifs, d'examiner une tenue dans l'espoir de déchiffrer l'âme de celui qui la porte, pour savoir si elle a des convictions hostiles à l'État, à la France et à la République : toute la philosophie qui sous-tend une telle mesure me semble abjecte ! C'est une recette pour rendre les usagers, tout comme les agents du service public, fous. C'est le règne de l'arbitraire, des clichés et des préjugés – car c'est bien sur cela que repose l'identification de manquements dont personne ne connaît l'unité de mesure. La chasse à l'Islam intégriste ou radical a pris l'arbitraire pour seule et unique règle : l'extrémisme de ce ministre à ce sujet m'a pris par surprise, et je prédis que son bilan sera lamentable.

MM : Il faut effectivement tout mettre sur la table, y compris le sécularisme. Si c'est un bon principe, il en sortira renforcé. Par ailleurs, au-delà du débat portant sur le sécularisme, nous devons tenir compte de la réalité des classes. On parle de situations réelles. Quand nous discutons de l'homosexualité, avec des propos parfois extrêmement violents, des élèves concernés sont présents dans la classe. Ils sont instantanément transformés en objets, réifiés. Pourquoi leur droit à être et à aimer tels qu'ils sont est-il le seul à être questionné ? *Idem* quand on aborde la misogynie ou le racisme : il y a un moment où certains passent de personnes à objets de débat. Là est le sens de nos discussions. Ce n'est pas juste une question de sécularisme. Le terrain neutre qu'établit notamment la laïcité permet à chacun de se sentir à sa place parmi les autres, et non isolé et scruté au centre des discussions. Je crois que nous devrions toujours concevoir la laïcité comme un outil, et non comme un principe ou même une valeur. Sa fonction est de rendre possible la coexistence d'individus dont les particularismes rendent parfois difficile leur existence en communauté.

NA : La possibilité de mettre ses convictions de côté en classe craque de toutes parts. Ou alors, il ne faut jamais aborder ces questions ! On demande aux élèves une forme de mauvaise foi sartrienne : « faire comme si » ils n'étaient pas musulmans, chrétiens, communistes, d'extrême droite… En somme, la laïcité, c'est une sorte de *safe space* avant l'heure. Chacun est invité à s'autocensurer pour ne pas heurter la sensibilité républicaine française. Mais l'école peut-elle être un espace intellectuel sans danger ni aspérité ?

MM : On ne demande pas aux élèves de renoncer à leurs convictions, religieuses ou politiques. On leur demande de ne pas passer les savoirs qu'on leur dispense au crible de leurs convictions. Et par exemple de contester la théorie de l'évolution en cours de SVT au nom de la vision créationniste propre à leur religion…

NA : Bien sûr qu'il ne faut pas que les convictions interfèrent avec le savoir. Mais est-ce pour autant qu'il faut les bannir ? Car elles finissent irrémédiablement par émerger. Ils n'ont pas nécessairement les outils intellectuels et rhétoriques nécessaires pour mener le débat d'une manière apaisée. Et on peut réguler une grande part des interventions intempestives des élèves par le débat plutôt que par l'interdit. Je pense qu'on peut gérer la situation par la ruse, par l'argumentation.

MM : Deux logiques incompatibles s'entrechoquent au sein de la classe. L'école est laïque, l'homophobie est un délit. Mais il faut débattre des préjugés et de l'homophobie. La « ruse » est le terme parfait. Il faut proposer un questionnement, poser le germe du doute. Parfois les élèves peuvent se sentir arnaqués : « On est là pour débattre, mais dès que j'ouvre la bouche, on me dit que je n'ai pas le droit de dire ce que je dis. » Comment ruser alors lorsque des opinions qui ont trait à l'homophobie ou à l'antisémitisme surgissent ? Pour ma part, j'essaie de partir de leur vécu, en les ramenant à des situations de discrimination qu'ils ont pu expérimenter eux-mêmes. J'inverse les rôles, je leur demande de se mettre à la place de la personne qu'ils viennent de discriminer, et de me dire ce qu'ils ressentent, quand on les discrimine en raison de leur couleur de peau, de leur religion, de leurs origines. À partir du moment où l'on part de leur expérience vécue, au lieu de leur imposer un principe qui tombe d'en haut, on parvient à les faire bouger. On avait une certitude négative qui s'affirmait, on arrive à mettre en place le début d'un questionnement.

NA : Je vous suis tout à fait. Il faut laisser un peu d'espace à l'infraction pour construire la maïeutique. On ne peut rien enseigner si les élèves sont perpétuellement menacés d'un rappel à la loi. Il faut regarder dans les yeux les idées parfois effrayantes, pour les forcer à en rendre compte.

MM : J'aurais aimé revenir, pour finir sur ce sujet, sur la question de la liberté d'expression et de la tolérance dans l'espace public, et en particulier sur les réseaux sociaux. Permettez-moi de revenir sur le détail de ce qui est arrivé à la jeune Mila et qui me semble particulièrement grave. Mila était, au moment des faits en 2020, une adolescente de 16 ans qui discutait avec une amie, lesbienne tout comme elle, de ses préférences sexuelles en enregistrant une vidéo sur Instagram. La discussion a dérivé sur la religion parce que des garçons sont intervenus en expliquant que, selon leur religion, ces jeunes filles étaient une « aberration » en tant que lesbiennes. C'est à ce moment-là que Mila a rétorqué, pour se défendre contre l'attaque personnelle dont elle faisait l'objet : « L'islam est une religion de haine, et votre Dieu, je lui mets un doigt dans le cul. » C'était une manière de dire que si leur Dieu niait son existence, alors elle ne lui devait aucun respect. La vidéo a été diffusée sur les réseaux sociaux, un certain nombre d'acteurs – politiciens, médias, personnalités publiques – l'ont mise en avant, c'est devenu une affaire nationale. Menacée de mort et de viol par une centaine de milliers de messages, elle a dû être déscolarisée et placée sous protection policière. Au-delà de son cas particulier, cette histoire a soulevé la question du respect dû ou non aux croyances religieuses. Certains ont considéré que Mila avait « bien cherché » ce qui lui était arrivé et qu'elle devrait se montrer plus respectueuse des croyances des autres. Mais c'est oublier qu'elle était quand même en train de se défendre face à quelqu'un qui niait son humanité au nom de ses croyances ! D'où ma question : décréter dans l'absolu qu'il faut respecter les croyances des autres ne pose-t-il pas un problème dès lors qu'on en trouve parmi elles qui nient le droit de certaines personnes à exister en raison de leur orientation sexuelle ? Mettre sur le même plan blessure de conviction et déshumanisation des personnes n'est-il pas le meilleur moyen de renforcer la seconde ?

NA : Cette affaire montre que le cyberharcèlement est une atrocité, surtout quand il part de propos dérisoires pour mener à des atteintes dramatiques aux personnes. Qui peut croire que la religion se soit trouvée affectée de ces propos grossiers ? Il y a beaucoup de puérilité dans toute cette affaire, ce qui est normal en ce qui concerne les enfants, ce qui est catastrophique quand elle est reprise par les hommes politiques qui emboîtent le pas. En ce qui concerne le droit à l'offense, c'est en effet un principe de base de la démocratie libérale, que nous devons respecter pour vivre en bonne intelligence. Je vous l'accorde. Mais à mes yeux, cela ne doit pas nous dispenser d'avoir un standard quasi esthétique qui nous conduise à condamner par esprit critique les propos puérils ou insultants. Du fait des abominations dont *Charlie Hebdo* a été victime, on tend à ne pas remettre en cause la laideur et le caractère injurieux de certaines de leurs publications. Elles sont certes légales, mais je ne pense pas que de telles caricatures – obscènes et rarement drôles – doivent devenir un standard civilisationnel à encourager. La liberté d'expression ne doit pas être le lieu où l'on abandonne tout usage de la raison et de l'esprit critique. Une caricature de l'anus et du scrotum du prophète Mahomet n'a que peu de valeur pédagogique. Défendre la liberté d'expression et de publication n'implique pas de renoncer à juger la qualité et la pertinence des publications en question. De même dans le cas de Mila, ses propos sont légaux, mais faire tourner la conversation autour de l'anus du prophète ne devrait pas être considéré comme souhaitable.

MM : Certes, mais dans le cas de Mila, ne pensez-vous pas qu'on devrait avant tout condamner des croyances homophobes qui nient l'identité de certains individus plutôt que de pointer du doigt les propos insultants de Mila sur leur Dieu, d'autant plus que les seconds étaient une réaction de défense face aux attaques lesbophobes subies au nom de ces croyances ?

NA : L'homophobie dont les jeunes garçons ont fait preuve s'explique par leur religion – l'assimilation de l'homosexualité à un péché est présente dans toutes les religions monothéistes. Le fait que les gouvernements tendent à trouver cela intolérable est à mes yeux un problème. Évidemment, je condamne sans appel la brutalisation dont Mila a été victime. Mais inférer à partir de cela la nécessité de réformer les croyances et les dogmes de tous les monothéistes me semble être une entreprise très dangereuse. Ce n'est pas à l'État de réformer la religion, même si certaines croyances sont évidemment très déplaisantes à la philosophie libérale qui fonde nos démocraties. Il s'agit pour l'État de protéger les victimes et pour les tenants des théologies monothéistes d'exprimer leurs convictions de manière compatible avec la démocratie. Des convictions comme le fait d'être contre l'avortement ou de tenir l'homosexualité comme un péché peuvent vous placer d'un certain côté de l'échiquier politique, mais ces convictions-là ne doivent pas être criminalisées tant qu'elles ne virent pas à la brutalisation.

MM : Mais elles sont criminalisées, ou du moins pénalisées, parce que discriminantes !

NA : Selon moi, le fait de considérer dans son for intérieur que les personnes noires sont inférieures aux blanches, que les Juifs gouvernent le monde, ou que les homosexuels et les lesbiennes sont des êtres contre-nature… n'est pas un crime. Ce qui est condamnable, c'est d'exprimer ces convictions dans l'espace public en s'attaquant à des personnes. Mais nous n'avons aucune raison de sonder les âmes, par exemple en tirant des conclusions hâtives à partir de vêtements. Sur la question de l'homophobie, j'ajouterais que considérer une chose comme un péché n'est pas la penser comme hors de l'humanité mais comme la chose la plus humaine qui soit ! L'homophobie est un péché dans l'islam et dans le christianisme, au même titre que la convoitise ou la sexualité hors mariage. Il est possible de vivre ensemble en bonne intelligence sur la base de ces croyances, et de ne pas considérer les personnes homosexuelles comme des ennemies, bien au contraire. La religion ne dit pas que leur condition est hors la loi et que ce sont de moindres personnes. Affirmer que l'homosexualité est un péché, comme le font toutes les grandes religions, ne relève donc pas, selon moi, de l'homophobie et ne devrait pas faire l'objet d'une condamnation.

MM : Sauf que dans les faits, cette affirmation fait le lit de pratiques discriminantes : les thérapies de conversion, la persécution et la discrimination des personnes LGBT dans les pays où la religion possède un pouvoir politique, les enfants reniés par leurs parents en raison de leur orientation sexuelle jugée incompatible avec les croyances familiales, on ne peut pas nier que les croyances influencent les comportements. Et mettre sur le même pied, en l'occurrence, l'homophobie des harceleurs de Mila avec ses attaques envers le Dieu de l'islam, qui ne créent aucun préjudice à personne, me semble injuste et dangereux. Les atteintes aux personnes et les atteintes aux convictions ne sont pas du même ordre. Certains ont intérêt à effacer cette distinction. Ils considèrent que la critique et l'hostilité vis-à-vis de l'islam et la haine des musulmans sont une seule et même chose. C'est même une stratégie chez les islamistes. Lors de la publication des caricatures de Mahomet par *Charlie Hebdo*, des imams islamistes ont fait circuler une caricature raciste qui n'existait pas parmi les caricatures du journal, et pour cause, elle provenait d'un site d'extrême droite… De la même manière, en 2020, lors de l'assassinat du professeur d'histoire Samuel Paty qui avait montré ces caricatures à ses élèves, on a inventé la scène d'une jeune fille qui aurait été choquée ce jour-là, alors qu'elle n'était pas dans la classe…

Chapitre 5

Le Noir, produit de la négrophobie comme le Juif de l'antisémitisme ?

Jean-Paul Sartre vs *Frantz Fanon*

Marylin Maeso : Vous travaillez dans le champ des études décoloniales et de ce qu'on appelle la « théorie critique de la race ». Et vous défendez le concept de « noirceur » (*blackness*). Pouvez-vous revenir sur l'origine et la portée des études décoloniales dont l'histoire est très mal connue en France, alors même qu'elles y façonnent le débat public ? Et que signifie le concept de « noirceur » que vous mobilisez dans votre propre réflexion ?

Norman Ajari : Je crois qu'il y a trois sources du « décolonial », trois moments où ce mot est apparu, dans des contextes historiques quasi simultanés, mais avec des agendas et des objectifs différents. Le premier, le plus connu, prend place en Amérique latine dans les années 1990-2000, avec un groupe interdisciplinaire d'intellectuels qui interrogent les liens étroits, essentiels, entre la modernité et le colonialisme. Sur le modèle de l'école de Francfort de Adorno et Horkheimer, avec une sorte de programme de recherche commun mais diversifié, ils se regroupent sous le thème « Modernité, colonialité, décolonialité ». Il rassemble des penseurs latino-américains tels que Walter Mignolo, sémiologue argentin, Santiago Castro-Gómez*, philosophe colombien, Nelson Maldonado-Torres*, philosophe portoricain, ou Catherine Walsh, philosophe américaine enseignant en Équateur. En s'inspirant du philosophe argentin Enrique Dussel, ils émettent l'hypothèse qu'il y a une corrélation intrinsèque entre la modernité et le colonialisme, et se montrent très critiques envers le développementalisme, l'idée que les pays du Sud devraient rejoindre le modèle de développement occidental. Ils critiquent les politiques de développement de la Banque mondiale qui impliquent un certain standard éthique et civilisationnel en prétendant définir la bonne voie du développement à suivre. Cette dépendance économique se double d'une dépendance intellectuelle et philosophique. La conjonction des deux perpétue la domination coloniale qui frappe cette partie du continent américain.

La deuxième occurrence du décolonial est plus politique. Elle apparaît en France dans les années 2000, dans la doctrine politique du Parti des indigènes de la République (PIR). Au départ, les indigènes ne connaissaient pas ce mouvement latino-américain (les rapprochements arriveront un peu plus tard). Ils cherchent un nouveau terme pour parler de leur action politique qui ne soit ni le postcolonial (connoté comme un concept universitaire, utilisé pour désigner un courant d'études historiques et littéraires en provenance des États-Unis), ni l'anticolonial (lié au moment des indépendances africaines et asiatiques). « Décolonial » désigne chez eux la lutte contre les formes de continuité coloniale.

La troisième matrice, que j'ai découverte récemment, est celle de la pensée haïtienne, et en particulier avec René Depestre*, un intellectuel marxiste, acteur de la négritude haïtienne, aussi poète et écrivain. Il utilise le terme « décolonial » dans les années 1990 pour parler d'un long mouvement de l'histoire de la pensée qui s'étendrait de l'époque de Toussaint Louverture, la grande figure de l'émancipation des esclaves au XVIIIe siècle, jusqu'à nos jours en passant par le mouvement anticolonial incarné par Fanon, Césaire et Senghor, depuis les années 1960. C'est de cette acception-là que je me sens le plus proche pour ma part, mais toutes sont intéressantes et peuvent parfois se recouper.

MM : Dans ces trois configurations, ce qui m'étonne, c'est que la *French theory* – le mouvement de la déconstruction philosophique et historique initié par Derrida et Foucault en France et qui a essaimé ensuite dans l'université américaine –, ce mouvement, qui est systématiquement associé au mouvement décolonial dans l'espace public, semble absent de votre généalogie…

NA : C'est que, contrairement à ce qui se dit dans les médias et le débat public autour de ces questions, la *French theory* n'a joué qu'un très faible rôle dans cette histoire. Les auteurs d'Amérique latine dont je vous ai parlé et qui se regroupent autour du programme de recherche décolonial connaissaient bien les écrits de Derrida, de Foucault ou de Levinas par exemple. Mais ces derniers n'ont pas été des influences décisives. Et tous furent beaucoup plus influencés par la pensée marxiste, par l'idée de lutte des classes, par la réflexion sur l'impérialisme, etc.

MM : Qu'en est-il maintenant du concept de noirceur, qui a donné le titre de votre livre *Noirceur. Race, genre, classe et pessimisme dans la pensée africaine-américaine* *du* XXI*e siècle* (Éditions Divergences, 2022) ? A-t-il un lien avec le courant « décolonial » ?

NA : La « noirceur » – traduction française du terme anglais de *blackness* – a une place plus ou moins grande dans chacun de ces trois mouvements. Elle est restée une question lointaine pour les Latino-Américains, et on peut d'ailleurs leur reprocher de ne pas avoir essayé de penser la place des Afro-Latins en Colombie, au Brésil, et dans toute l'Amérique latine. Leur propos portait plus sur la place infériorisée de l'Amérique latine en tant que telle dans le monde. Au sein du Parti des indigènes de la République, la pensée noire américaine a été davantage utilisée pour penser des questions comme l'islamophobie ou la place des personnes maghrébines. Mais il n'y a pas eu de réflexion en profondeur sur la condition noire. À l'inverse, le troisième pôle du décolonial, le pôle « haïtien », y fait une plus grande place. De sorte qu'on peut s'étonner qu'en effet dans la majeure partie des réflexions sur le décolonial la question noire et la noirceur demeurent un impensé. Elles gagnent cependant en intérêt depuis une dizaine d'années à l'université et dans le monde militant, avec la redécouverte de la pensée de Frantz Fanon ou de James Baldwin.

MM : Quel rapport y a-t-il entre la « négritude » au sens de Césaire et de Senghor et la « noirceur » telle que vous la concevez ?

NA : La négritude est la découverte d'expériences et de la possibilité d'un projet commun que font un petit groupe d'intellectuels en provenance des Antilles, de la Guyane et de l'Afrique de l'Ouest, à Paris où ils sont venus étudier dans les années 1920 et où ils se trouvent marginalisés. La *blackness* dans le monde anglo-saxon et américain est beaucoup plus focalisée sur l'expérience de l'esclavage et de la discrimination. Je ne critique pas cette approche mais elle passe à côté de l'élément colonial, qui est au cœur de l'expérience des populations africaines. Je pense qu'il faut une conception plus ample et plus englobante de la condition noire que celle qui est centrée sur les États-Unis. Et le fait même que des événements comme ceux du meurtre de George Floyd aient une résonance mondiale me fait penser qu'il y a une expérience et une condition partagées par les Noirs du monde entier. Le terme « noirceur » existait déjà – il est notamment utilisé par Fanon. Je m'en suis emparé avec l'idée de ne pas faire l'impasse sur sa négativité radicale. La négritude renvoie à un être de chair et de sang mais porteur d'une culture, de tout un héritage intellectuel, artistique, etc. La noirceur implique d'assumer aussi le fait que nous avons été placés dans cette position d'altérité, de déshumanisation et d'exploitation, en regardant l'abîme dans les yeux. Stanislas Adotevi, philosophe béninois, auteur de *Négritude et Négrologues* (Union générale, 1972), affirme : « Le nègre doit devenir dangereux. » Dangereux pour l'ordre colonial, pour l'ordre capitaliste, dangereux pour toutes les forces qui entretiennent la position subalterne des Noirs. Voilà une pensée qui dérange au bon sens du terme !

MM : Je m'interroge sur la signification sociale de la noirceur. Sartre a avancé l'idée que le Juif était juif dans le regard de l'Autre. Est-ce qu'on pourrait dire, de la même manière, que la négrophobie est constitutive de la noirceur ?

NA : Au départ, la noirceur est en effet totalement produite par la négrophobie. La catégorie de noir est inventée avec la traite et ensuite par la colonisation. Des Yorubas, des Edos, des Fons qui se pensaient eux-mêmes comme des peuples distincts d'Afrique, parlant des langues différentes, ont été mis dans les cales des navires négriers. Et ils en sont ressortis Nègres. Après la conférence de Berlin de 1884 où les puissances européennes se partagèrent l'Afrique, l'intégrité territoriale de ces différents peuples a été annihilée et les puissances coloniales, au mépris des royaumes et cités existants, ont procédé à un nouveau tracé territorial. C'est par la traite et par cette confiscation de la souveraineté que nous sommes devenus Noirs. Le philosophe camerounais Fabien Eboussi Boulaga (1934-2018), quand il fait référence à la naissance d'une philosophie africaine proprement dite, a une remarque intéressante à ce sujet, en forme de clin d'œil ironique à ce que l'on considère depuis les Grecs comme la naissance de la philosophie européenne : le *thaumazein* (l'« étonnement », l'« émerveillement »). Il explique que ce qui est premier pour le *Muntu* (l'« humain » dans les langues bantoues), ce n'est pas l'émerveillement, mais plutôt la *stupeur* causée par une défaite totale. Ce qui est premier dans notre éveil à la philosophie, c'est cette expérience stupéfiante, et non l'émerveillement heureux et paisible des Grecs. Réfléchir à la noirceur, c'est partir de là.

MM : J'ai lu Eboussi Boulaga. Et cela a eu un effet de déniaisement. J'ai le sentiment d'en avoir tiré une plus grande lucidité en retour sur l'histoire de la philosophie européenne. Je cherche à être plus attentive à ce qui se loge dans les interstices des textes grecs – l'esclavage, la situation des femmes ou des métèques, etc. Quand on consulte les programmes de terminale et même de l'université, l'enseignement de la philosophie est encore très inspiré par le schéma du miracle grec. Secouer la vision irénique de la philosophie occidentale, comme tout entière guidée par la quête de la vérité et de la justice, se défaire de la vision naïve et enfantine de l'étonnement philosophique, révéler les angles morts de la pensée européenne, s'intéresser aux autres traditions de pensée qui se sont construites à partir de l'expérience de la défaite, tout cela est nécessaire et fécond. Mais je me demande si la noirceur que vous cherchez à prendre en charge est seulement associée à cette expérience négative de l'assignation de tout un peuple et de tout un continent à l'oppression. N'y a-t-il pas, même si cette assignation est première, une possibilité de penser l'être noir en le dissociant du regard négrophobe ?

NA : Que voulez-vous dire par là ?

MM : Dans *Réflexions sur la question juive*, paru en 1946, Jean-Paul Sartre explique que la construction de soi du Juif commence par la négativité, par le regard de l'antisémite. Ce texte très stimulant intellectuellement a aussi eu un effet libérateur sur un grand nombre de Juifs qui, au lendemain de la guerre, de Vichy et de la Shoah, avaient fait l'expérience douloureuse de ce regard et de ses conséquences. Mais ce texte – et cela a été abondamment reproché aussi à Sartre – passe à côté de la dimension positive de l'identité juive. Réduire l'être-juif au regard que pose sur lui l'antisémite, c'est nier toute l'histoire juive. Dans *Des mille et une façons d'être juif ou musulman*, paru en 2017, Delphine Horvilleur (femme rabbin et philosophe) a cherché à répondre à cette critique en montrant l'autre côté du miroir. Même si pour certains, être juif, cela a commencé dans le regard d'autrui dans une cour de récréation, il y a ensuite toute une histoire de l'être-juif irréductible à l'assignation du regard antisémite. Je me demande si on ne pourrait pas en dire autant pour l'expérience noire.

NA : Je pense que l'expérience juive n'est pas commensurable avec l'expérience noire. Dans la culture juive, il y a une longue tradition spirituelle, intellectuelle, théologique préalable à l'invention de l'antisémitisme. Dans ce cadre, la figure maléfique du Juif est réinventée par l'antisémite. Alors que je pense que le Noir est vraiment inventé par le négrophobe. Les peuples bantous se désignaient simplement comme des « humains », ils ont été transformés par la traite négrière en quelque chose d'irrémédiablement différent, y compris quand ils sont restés dans leur pays. Certains penseurs tentent de dégager une expérience noire préalable à la traite et à la colonisation. C'est ce à quoi s'attache tout le mouvement afro-centriste, initié par l'anthropologue et homme politique sénégalais Cheikh Anta Diop, qui revalorise l'histoire ancienne de l'Afrique. C'est la même démarche initiée par l'historien guyanais George G. M. James, auteur de *Stolen Legacy. Greek Philosophy is Stolen Egyptian Philosophy* (*Héritage volé. La soi-disant philosophie grecque est en réalité une philosophie égyptienne*), paru en 1954, qui cherche à exhumer la tradition spirituelle de l'Égypte pharaonique qui aurait été capturée par les Grecs... C'est très intéressant. Mais selon moi, cela n'a pas la même densité que l'histoire juive. Cheikh Anta Diop affirme par exemple que *Keme*, qui veut dire « la terre noire », est une des dimensions de cette identité des Noirs d'Afrique, et que des concepts comme ceux-là pourraient être réinvestis aujourd'hui. Mais avec tout le respect que m'inspire une telle démarche, je ne peux manquer d'y voir une projection rétrospective. Et je crois qu'il est impossible de revenir à cette position précoloniale. D'ailleurs les personnes issues de la diaspora, qui sont des descendants de l'esclavage, ne savent même pas d'où elles viennent, de quelle partie de l'Afrique elles sont originaires, de quelles régions étaient issues leurs ancêtres. Le « kémitisme » qui s'est inspiré parfois très librement de Cheikh Anta Diop cherche à reconstituer une sorte de spiritualité culturelle perdue... mais, en réalité, c'est un artefact moderne. Je comprends que l'on puisse s'engager dans ce travail de reconstruction, mais cela ne peut pas être considéré comme une redécouverte du passé. C'est une réinvention à saluer comme telle. Et je crois que le mouvement panafricaniste, que je défends, doit partir de l'état de fait présent plutôt que de rêver de retrouver un passé perdu. Certains dirigeants africains, comme Kwame Nkrumah, le premier président du Ghana, ou Julius Nyerere, le premier président de la Tanzanie, ont cherché à s'inspirer de ce que l'on sait de la répartition « communaliste » des terres en Afrique avant l'époque coloniale. C'est intéressant, surtout quand on pense aux approches écologistes actuelles. Mais cela n'équivaut pas à un retour aux origines.

MM : Que répondez-vous aux critiques qu'on pourrait faire à cette conception de la noirceur et de l'identité noire qui emprunte la voie « négative » de l'histoire coloniale et esclavagiste ? En faisant du Noir celui qui a été inventé par le négrophobe tout en invitant le Noir à assumer cette identité, est-ce que vous ne tombez pas dans une forme de « racisme antiraciste » ?

NA : Dans un texte assez fascinant, intitulé « Orphée noir », écrit en guise de préface à l'*Anthologie de la nouvelle poésie nègre et malgache de langue française* de Senghor (PUF, 1948), Sartre fait une proposition fracassante. L'abolition de la différence entre les races, soutient l'auteur de *L'Être et le Néant*, doit passer par un premier moment de « négation », qu'il définit expressément comme un « racisme antiraciste ». Permettez-moi de le citer, tant ses mots éloquents choquent peut-être notre prudence contemporaine :

> « Le noir est la victime de l'oppression en tant que noir, à titre d'indigène colonisé ou d'Africain déporté. Et puisqu'on opprime dans sa race et à cause d'elle, c'est d'abord de sa race qu'il faut prendre conscience. Ceux qui pendant des siècles ont vaguement tenté, parce qu'il était nègre, de le réduire à l'état de bête, il faut qu'il les oblige à le reconnaître pour un homme. Or il n'est pas ici d'échappatoire ou de tricherie ni de passage de ligne qu'il puisse envisager. Un juif, blanc parmi les blancs, peut nier qu'il soit juif, se déclarer un homme parmi les hommes. Le nègre ne peut nier qu'il soit nègre, ni réclamer pour lui cette abstraite humanité incolore. Il est noir. Ainsi est-il acculé à l'authenticité. Insulté, asservi, il se redresse. Il ramasse le mot de nègre qu'on lui a jeté comme une pierre. Il se revendique comme noir en face du blanc, dans la fierté. L'unité finale qui rapprochera tous les opprimés dans le même combat doit être précédée aux colonies par ce que je nommerais le moment de la séparation ou de la négativité. Ce racisme antiraciste est le seul chemin qui puisse mener à l'abolition des différences de race. »

Le « racisme antiraciste » est une étape nécessaire pour parvenir à s'unir face à l'oppression dans son ensemble. Sartre sait ce qu'est un « -isme ». C'est comme « communisme », « féminisme », on fabrique quelque chose. Le racisme antiraciste consiste à fabriquer la race. Frantz Fanon dira un peu la même chose dans *Les Damnés de la terre* : « Chanter la race » afin de retrouver la dignité qui a été déniée.

MM : Je connais bien ce texte qui est en effet assez fascinant. Mais il faut admettre que Sartre donne ici au racisme un sens qui est parfaitement incompatible avec celui qu'on lui donne aujourd'hui dans l'idée du *reverse racism*, d'un racisme anti-Blancs. Pour Sartre, en raison de la structure d'oppression que crée le racisme, cette inversion est impossible. Jamais un Blanc ne pourra être regardé par un Noir comme un Noir est regardé par un Blanc. Sartre appelle à un retournement du regard, qui ne doit pas être confondu avec une inversion des structures de domination. Car spontanément l'ensemble de la société et des structures politiques ne se retournent pas contre les Blancs.

NA : En effet. C'est une proposition subtile sur la négritude, tout en mouvement dialectique. Mais *in fine*, Sartre délivre à la négritude ce que le philosophe sénégalais Souleymane Bachir Diagne a appelé un « baiser de la mort ». Pour lui, la négritude ne trouve sa finalité et son accomplissement, au-delà de la lutte contre l'oppression coloniale, que dans le renversement du capitalisme. Il y a une sorte de date de péremption de la négritude. C'est un geste que l'on retrouve souvent dans les mouvements antiracistes anticapitalistes. Une forme de bienveillance envers un mouvement qui est voué à être dépassé dans quelque chose de plus vaste, de plus universel et de plus fondamental.

MM : Frantz Fanon qualifie Sartre d'« hégélien-né », et je pense qu'il a tout compris. Car après avoir montré les convergences entre le Noir et le prolétaire, Sartre écrit :

> « Mais cela n'empêche pas que la notion de race ne se recoupe pas avec celle de classe. Celle-là, la notion de race, est concrète et particulière, celle-ci, la notion de classe, universelle et abstraite... La position de la négritude comme valeur antithétique est le moment de la négativité. Mais ce moment négatif n'a pas de suffisance par lui-même, et les noirs qui en usent le savent fort bien. Ils savent qu'il vise à préparer la synthèse, ou réalisation de l'humain, dans une société sans race. Ainsi la négritude est faite pour se détruire, elle

est passage et non aboutissement, moyen et non fin dernière[1]. »

Fanon avait été très heurté par cette manière de « dialectiser », c'est-à-dire, en l'occurrence, de « secondariser » la place de la négritude et de la lutte contre le racisme dans l'histoire universelle. Il l'a formulé de manière bouleversante :

« Quand je lus cette page, je sentis qu'on me volait ma dernière chance. Je déclarais à mes amis : la génération des jeunes poètes noirs vient de recevoir un coup qui ne pardonne pas. On avait fait appel à un ami des peuples de couleur, et cet ami n'avait rien trouvé de mieux que montrer la relativité de leur action. Pour une fois, cet hégélien-né avait oublié que la conscience a besoin de se perdre dans la nuit de l'absolu, seule condition pour parvenir à la conscience de soi[2]. »

Fanon considère qu'il y a une contradiction dans la thèse de Sartre – qui oublie que le négatif est absolu et non relatif – mais aussi une hypocrisie.

1. Jean-Paul Sartre, « Orphée noir », préface à l'*Anthologie de la nouvelle poésie nègre et malgache de langue française*, de L. S. Senghor, PUF, 1948.
2. Frantz Fanon, *Peau noire, masques blancs*, Seuil, 1952.

Sartre commence par reconnaître dans la préface que c'est une poésie adressée aux Noirs pour penser la condition noire… et il finit par se demander ce que les Blancs peuvent en tirer et par tenter d'absorber la négritude dans le système hégélien. Et ce n'est pas n'importe quel système ! Le système hégélien est irrigué par des préjugés racistes, il défend l'idée que les Africains n'ont pas encore totalement accédé à l'humanité et que le rôle des Européens est peut-être de les faire dépasser ce moment négatif dans lequel ils sont encore enfermés. De tous les systèmes que Sartre aurait pu convoquer, il choisit celui qui conduit à déformer le plus la négritude en en faisant un simple « moment ». Elle sert littéralement de marchepied pour l'accomplissement du combat ultime, qui lui sera définitif, parce qu'il nous permettra d'accéder à l'universalité de la révolution prolétarienne. Cela peut expliquer ce sentiment que les Noirs sont toujours là pour servir de contrepoids, y compris au sein de la gauche antiraciste. Ils participent à un enjeu qui les dépasse, ils incarnent une étape d'un drame plus grand qu'eux…

Chapitre 6

L'intersectionnalité

Quand le féminisme entre en tension avec l'antiracisme

Marylin Maeso : La question de ce qu'on appelle « l'intersectionnalité » revient de manière lancinante dans le débat sur le racisme. Pour rappel, c'est une notion introduite par la sociologue afro-féministe Kimberlé Williams Crenshaw pour appréhender l'existence de phénomènes de discrimination pluriels, recouvrant plusieurs discriminations simultanément et ne pouvant, de ce fait, être compris et combattus faute d'avoir les outils pour penser ces discriminations hybrides. Elle prend notamment l'exemple de travailleuses noires américaines ne parvenant pas à faire valoir la discrimination dont elles avaient fait l'objet en tant que femmes noires. Leur employeur ayant recruté des hommes noirs, l'accusation de racisme était inaudible, tout comme celle de sexisme, puisqu'il avait recruté des femmes blanches. Il s'agit également de dénoncer le fait que la lutte des femmes afro-américaines n'était pas prise en charge dans le discours féministe... ni dans la lutte des hommes afro-américains pour leurs droits. Comment vous situez-vous sur cette question ?

Norman Ajari : La question de l'intersectionnalité est en effet liée, on l'ignore en France, au surgissement dans les années 1970, aux États-Unis, d'un conflit entre différents courants du féminisme et de l'antiracisme. La théorie intersectionnelle apparaît au début des années 1970 au sein du *black feminism* afro-américain. Celui-ci critique le sexisme des mouvements d'autonomie politique noire des années 1950-1960. Bell hooks, autrice et théoricienne du *black feminism*, en parle dans son premier livre *Ne suis-je pas une femme ? Femme noires et féminisme* (*Ain't I a Woman?*), paru en 1981. De son point de vue, l'histoire du féminisme est initialement menée par des femmes blanches, fondamentalement guidées par une sorte d'instinct raciste. De l'autre côté, toujours pour bell hooks, l'histoire de la lutte des Afro-Américains pour leurs droits est fondamentalement machiste : les hommes noirs américains, ayant perdu les bénéfices traditionnellement associés au patriarcat africain, auraient tenté de les regagner en imitant les Blancs et la masculinité blanche. Le *black feminism*, qui est dominant aujourd'hui dans les départements universitaires de *black studies*, apparaît donc comme une autocritique du mouvement noir. De mon point de vue, cette autocritique finit par enterrer le mouvement noir en tant que tel. Or, il n'est pas certain historiquement qu'il y ait eu depuis toujours une masculinité noire brutale et conquérante dans la culture américaine. Aux États-Unis, les hommes noirs font partie de la catégorie d'hommes la plus progressiste. On peut, comme certains, interpréter cela comme l'effet d'une position d'oppression et de frustration. Mais on peut tout aussi bien l'interpréter comme le fruit d'une sympathie et d'une solidarité avec les personnes opprimées en raison de leur genre ou de leur orientation sexuelle.

MM : Je ne trouve pas sous la plume de bell hooks cette reprise caricaturale de clichés racistes sur l'attitude des hommes noirs. Et je ne pense pas que le féminisme européen soit intrinsèquement raciste.

NA : Prenons deux exemples. Olympe de Gouges, considérée comme la grande pionnière du féminisme français, rédactrice en 1791 de la *Déclaration des droits de la femme et de la citoyenne*, a écrit en 1788 des *Réflexions sur les hommes nègres* et une pièce de théâtre en 1784 titrée *Zamore et Mirza ou l'Esclavage des Noirs*. Cette pièce a été interrompue par des colons de Saint-Domingue qui la considéraient comme une défense des esclaves. Dès les premiers moments de la révolution haïtienne, Olympe de Gouges renonce à poursuivre les représentations et désavoue sa pièce, en disant que finalement, par leurs actions, les révoltés haïtiens ont justifié moralement la servitude dans laquelle ils étaient auparavant placés. Le féminisme français apprécie les colonisés lorsqu'il peut parler à leur place, non quand ces derniers deviennent acteurs de leur propre histoire. Autre exemple : Colette Guillaumin*, sociologue française qui cherche à penser ensemble antiracisme et antisexisme, et qui a introduit le concept de « racisation ». Quand on regarde ses travaux sur le racisme, on découvre qu'elle a procédé à une réappropriation de théories élaborées par des pensées explicitement anticoloniales en remplaçant et en évidant le sujet politique et l'idée d'émancipation des Noirs qui étaient toujours fondamentaux chez ces devanciers. Elle substitue à cette vision révolutionnaire tiers-mondiste une analogie, me semble-t-il assez bancale, entre le combat des personnes noires et des femmes blanches. L'histoire des théories féministes européennes est ainsi truffée d'une sorte d'appropriation, d'absorption conceptuelle de la théorie politique anticoloniale mise au service d'un autre agenda. Les Noirs sont un vivier de métaphores. Pour ces féministes, comme pour Rousseau déjà, l'esclavage devient ainsi une simple métaphore pour critiquer d'autres formes de domination, moins violentes et moins déshumanisantes. Et cette opération conduit à vider du même coup l'expérience réelle de l'esclavage de sa radicalité.

MM : Admettons que la domination exercée par les Blancs sur les Noirs et la domination des hommes, blancs et noirs, sur les femmes ne se recoupent pas. Mais est-ce qu'il faut pour autant refuser d'interroger les recoupements ou les tensions entre ces dominations ? La prise de conscience des féministes, blanches et noires, est fondée sur un fait : 98 % des violeurs sont des hommes. Les Blancs racistes capitalisent évidemment là-dessus quand le violeur est noir. Mais il me semble injuste de dire que le *black feminism* est basé sur une vision déformée des hommes noirs.

NA : Il a en tout cas contribué à l'image déformée que nous en avons. De mon point de vue, l'histoire raciale des États-Unis comme de la France incorpore ce que j'appellerais une « misandrie raciale ». Quand on y réfléchit, un grand nombre de stéréotypes racistes renvoient à la masculinité, à la brutalité, à la potentialité du viol. Historiquement, toutes les violences racistes de masse commencent par s'attaquer aux hommes en âge de combattre, c'est-à-dire les adolescents et les adultes. De l'autre côté, les femmes noires sont associées à la lascivité et à une violabilité intrinsèque. Chaque groupe subit un type de violence spécifique mais il n'y a pas de solidarité masculine entre hommes blancs et hommes noirs. Ces derniers sont au contraire perçus comme une menace.

MM : L'essayiste Houria Bouteldja, porte-parole du Parti des indigènes de la République, dont vous êtes un compagnon de route, a proposé une critique de l'intersectionnalité et du *black feminism* qui se rapproche de la vôtre. Mais elle en tire l'idée qu'il faudrait instaurer une hiérarchie dans les luttes. Du fait d'un fonctionnement en entonnoir, le racisme serait la mère de tous les maux. Le sexisme et l'homophobie au sein des populations racisées seraient *a minima* aggravés par le racisme. Parce que ces populations ont subi le racisme, les hommes ont vu leur humanité niée, ils ont été castrés au sens psychologique du terme. En réaction, conclut-elle, ils sont davantage homophobes ou misogynes. On a reproché à Bouteldja d'aller jusqu'à préconiser aux femmes noires agressées par des hommes noirs de ne pas porter plainte pour ne pas les stigmatiser. Elle rapportait en réalité les propos d'une jeune femme victime d'un viol par un homme noir qui expliquait qu'elle n'avait pas porté plainte pour « ne pas se tirer une balle dans le pied en tant que Noire et alimenter un système qui m'opprime aussi ». On ne sait pas trop si Bouteldja, qui rapporte cette histoire, fait de l'attitude de cette femme quelque chose de prescriptif pour toutes les femmes noires. Mais sur le fond, elle considère en tout cas qu'il faut hiérarchiser les luttes : il faut d'abord régler le racisme, avant de s'en prendre à ses symptômes secondaires, qui disparaîtront de toute façon une fois le mal éradiqué à la racine. Elle demande donc bien aux femmes de se sacrifier aujourd'hui pour un résultat qui n'est pas certain, en se fondant sur la promesse d'une libération féminine qui serait la conséquence de la libération vis-à-vis du racisme. Quelle est votre position ? Considérez-vous également qu'il faut « hiérarchiser les luttes » ?

NA : Personnellement, mon projet politique est le panafricanisme, et pas l'égalité juridique de tous les individus, abstraction faite de leur couleur de peau. Donc je hiérarchise effectivement les luttes non par désintérêt pour certaines victimes, mais par cohérence stratégique. Et je suis d'ailleurs assez sceptique vis-à-vis de l'intersectionnalité, c'est-à-dire l'idée que les luttes, contre le sexisme et contre le racisme, par exemple, se recouperaient systématiquement. C'est un outil intellectuel localisé qui permet de mettre à jour que les femmes noires dans les classes prolétarisées souffrent de discriminations démultipliées.

Mais cela ne veut pas dire que toutes les discriminations se recoupent, ni qu'elles sont transposables l'une à l'autre.

MM : L'oppression d'une population génère des affects, des modes de lutte et de résistance spécifiques. Sans être comparables ou assimilables, ne sont-ils pas transposables d'un registre à l'autre ?

NA : Non ! L'esclavage ou la négrophobie ne sont pas transposables à d'autres systèmes d'oppression. Le problème du féminisme intersectionnel est qu'il prétend penser les différents types d'oppression comme consubstantiels. Alors que d'un point de vue intellectuel, il faut les distinguer, et d'un point de vue politique, il convient en effet de choisir ses priorités.

MM : Je ne suis pas d'accord. Que choisit-on quand on est une femme noire face à des hommes noirs sexistes, et à des féministes blanches racistes ? Je pense qu'il faut sortir de l'idée qu'un choix est absolument nécessaire et que les seules options possibles sont celles qui existent déjà. L'avenir se situe dans des combats calqués sur la réalité des identités, leur côté hybride, pluriel, bigarré. Il y a une raison pour laquelle certains sont à la fois militants de la négritude et marxistes. Il y a des féministes intersectionnelles parce que le féminisme traditionnel ne suffisait pas. Le fait même de vouloir forcer à choisir une voie prioritaire à une autre est une ruse des systèmes d'oppression et de domination : monter les opprimés les uns contre les autres. Il est tout à fait possible de nourrir la réflexion féministe en lisant des textes antiracistes, et inversement. Cela n'implique pas pour autant de plaquer un prisme sur l'autre, mais de reconnaître que malgré les différences consubstantielles qui ne peuvent être réduites, il y a aussi des points communs, à commencer par les vécus de l'oppression.

Chapitre 7

Que faire face à la violence ?

Intériorisation, canalisation, politisation

Marylin Maeso : Je pense qu'on peut partir du constat qui rassemble Sartre, Camus et Merleau-Ponty. La violence est un fait, et c'est un fait qu'on ne risque pas de supprimer en se contentant de renoncer au terme « race » ou en arrêtant d'aborder le sujet purement et simplement. J'en ai conscience en tant que femme juive, blanche, en tant que personne qui a vécu un certain nombre de ces violences, mais aussi comme quelqu'un qui s'est intéressé intellectuellement à la logique de la violence. J'ai conscience que la violence est parfois inévitable, qu'il est même parfois souhaitable qu'elle éclate. Même si je ne supporte pas ce que Camus appelait la « violence confortable », la violence de ceux qui la promeuvent alors qu'ils n'y sont pas exposés et n'ont pas à l'infliger directement. J'ai conscience de la violence du « polissage », qui consiste, par exemple, face aux femmes qui témoignent des violences sexuelles, à les traiter de « féminazies » et d'« hystériques ». On peut ne pas être d'accord avec ce qu'elles disent, avec le ton employé ou avec les termes choisis – il m'arrive de ne pas l'être –, mais j'aimerais qu'on arrête cette hypocrisie qui consiste à faire de la politesse la mère de toutes les vertus. Elle peut être au contraire une manière insidieuse d'imposer une violence qui ne dit pas son nom. Je ne suis pas « non-violente ». Comme Camus, je pense qu'on ne peut pas exiger des personnes qui sont confrontées à la violence au quotidien et qui en viennent souvent à l'intérioriser qu'elles tiennent en toute circonstance un discours posé et équilibré. Enfin, je crois que la violence a besoin d'être canalisée. La facilité, c'est de tomber dans la démesure, laisser libre cours à la colère et à la radicalité. C'est une pente naturelle et spontanée à laquelle il m'arrive de succomber mais qui revient, je crois, à laisser gagner l'ennemi contre lequel on se bat. Sartre a dit : « Nous ne devenons ce que nous sommes que par la négation intime et radicale de ce qu'on a fait de nous. » Pour moi, cette négation doit aussi toucher la violence qu'on a intériorisée…

Norman Ajari : La confrontation à la violence est une question vive pour la communauté noire également. Elle se pose de façon inédite. Face aux violences policières dont nous sommes victimes, et à l'écho qu'elles suscitent, on en est venus à penser que la violence subie pouvait avoir quelque chose de bénéfique, qu'elle pouvait mener à une transformation de la société. C'est une rupture dans l'histoire du mouvement radical noir : on n'a jamais vu de communauté qui pensait qu'en exposant ses propres populations et en exhibant ses cadavres plutôt qu'en s'engageant dans un rapport de force et dans l'activisme politique, elle obtiendrait davantage de justice. Ce n'est pas dans la lignée de la culture de la non-violence car des victimes comme George Floyd ou Adama Traoré ne sont pas des militants qui se seraient sacrifiés pour une cause. Je pense que cette attitude « positive » face aux violences policières mériterait d'être critiquée, même si elle est défendue par des personnes de grande qualité. Il ne s'agit pas de promouvoir la « violence confortable » dont parle Camus, de se mettre le couteau entre les dents, mais de s'inquiéter d'une situation où la violence se trouve comme d'emblée désamorcée. On ne fait tellement plus peur qu'on ne peut plus que brandir nos propres morts ! On a pourtant toute une trajectoire intellectuelle dont on pourrait se revendiquer : celle des Toussaint Louverture, Dessalines, Fanon. Une histoire qui commence par la révolution haïtienne et où la liberté se gagne par l'épée. L'histoire ne se répète pas. Mais justement, le retournement dont nous sommes les contemporains pose question. Il fait apparaître que l'antiracisme a une limite interne : il ne permet pas l'émergence d'un véritable sujet politique. C'est davantage une idée, une valeur, un idéal régulateur qui peut se plier à différentes stratégies mais qui ne définit pas les voies de l'émancipation pour un sujet politique.

MM : Et quelle forme ce sujet politique pourrait-il prendre ? Quelles seraient les voies de l'émancipation pour la communauté noire, selon vous ?

NA : Je suis convaincu que nous avons besoin, en tant que Noirs, d'un autre récit et d'un autre projet politique. Dieudonné est un bon exemple du vide politique des militants noirs. L'absence de projet politique est ce qui a permis son basculement vers l'antisémitisme. Au lieu de tomber dans un complotisme de plus en plus délirant et d'expliquer la situation des Noirs par la puissance des Juifs ou le caractère diabolique des Blancs, il s'agit de redevenir sujet de l'histoire, mais aussi d'assumer son identité. Car l'idée de fluidité absolue de l'identité qui est devenue le nouveau mantra de la culture néolibérale ne permet pas la constitution d'un sujet politique autonome. Étant donné la situation de violence subie par les personnes noires et l'intégration difficile de leurs intérêts dans les organisations politiques existantes, étant donné l'exploitation que subissent tous les pays à majorité noire à l'échelle internationale, je pense qu'il est nécessaire de renouer avec le projet panafricain de libération de l'Afrique qui a longtemps été l'idéal politique qui réunissait des figures aussi différentes que Marcus Garvey, Malcolm X ou Frantz Fanon.

MM : C'est un peu l'idée d'un Israël noir, l'appel des Noirs du monde à rejoindre une Afrique indépendante ?

NA : L'idée n'est pas d'en faire un lieu d'appel où tous les Noirs du monde devraient se retrouver. Je pense que la diaspora a aussi son rôle à jouer là où elle est. Et par ailleurs, c'est l'idée de partir des États africains existants – qui sont essentiellement des fabrications coloniales – pour élaborer une nouvelle intégrité territoriale, en s'inspirant parfois des communautés précoloniales (certaines ethnies ayant été coupées en deux par les frontières coloniales). Il s'agit de faire preuve d'une nouvelle inventivité politique. Israël entendait offrir pour la première fois un État-nation aux Juifs qui en étaient dépourvus et il a recouru pour se faire aux outils du colonialisme de peuplement. Les Noirs ne sont pas dépourvus d'États et de nations, ils sont dépourvus de souveraineté. En récupérant collectivement cette souveraineté, ils pourraient soutenir politiquement et diplomatiquement les groupes qui subissent de par le monde des violences en raison de leur appartenance à la noirceur. Le panafricanisme ne vise pas la fabrication coloniale d'un État, mais un dépassement des États.

MM : Au-delà de cette « solution » politique utopique, est-ce qu'il ne faut pas réfléchir également aux effets toxiques de la violence raciste, chez ceux-là mêmes qui en sont les victimes ? Le racisme est un climat « pestilentiel » selon la métaphore camusienne. Et la peste raciste contamine tout le monde, y compris les victimes, non ?

NA : Je suis d'accord sur cette idée de contamination. Mais je ne suis pas d'accord avec la manière dont on l'aborde en général. Souvent, cela conduit à affirmer que les Noirs en viennent à retourner la violence raciale qu'ils subissent en l'exerçant à leur tour contre les Blancs. Cette contre-violence contre les Blancs existe mais elle est rare et anecdotique en comparaison de l'omniprésence du retournement de la violence contre soi-même. Je parlais plus tôt du phénomène du décapage, du blanchissement de la peau, qui en est un triste exemple. Les Noirs souffrent davantage de la haine de soi que de la haine des Blancs. C'est l'effet le plus saillant de l'intériorisation de ce racisme : la haine de soi. On le voit en Afrique du Sud dans l'extrême xénophobie contre les migrants congolais ou nigérians qui sont l'objet d'une détestation parce qu'ils sont censés être « moins évolués »... Fanon parle déjà de phénomènes similaires dans *Peau noire, masques blancs* (Seuil, 1952).

Au cours de l'histoire, les groupes noirs acculés dans les ghettos ont eu plutôt tendance à l'autodestruction qu'à retourner la violence contre leur agresseur. Ils ont pu entrer dans des processus de suicide collectif ou des conduites autodestructrices. Les crimes raciaux des Noirs contre les Blancs sont assez rares. C'est survenu à Haïti au moment de l'indépendance, où l'élimination des Blancs faisait partie d'une stratégie de conquête de la souveraineté voulue par Jean-Jacques Dessalines – deux mille personnes ont été alors liquidées. Mais ce n'est pas un phénomène récurrent. En revanche, les crimes des Noirs contre les Noirs sont beaucoup plus nombreux. Et cela procède de notre assimilation de l'idée que la vie noire est de bien peu de valeur. Des décennies de privation et d'absence de pouvoir ont créé un environnement nocif. Il est très important d'affronter cette violence retournée contre soi. Le projet d'une nouvelle communauté politique noire que je défends cherche à répondre à ce défi. Car c'est en se constituant en sujet politique que l'on peut retrouver une estime de soi, une dignité, mais aussi prendre soin de soi.

MM : C'est quelque chose que j'ai retrouvé dans le travail que je fais avec les élèves. J'utilise la musique à cet effet. J'ai travaillé sur une séquence de trois chansons : *Mississippi Goddam* de Nina Simone (1963), *They Don't Care About Us* de Michael Jackson (1995), et *This Is America* de Childish Gambino (2018). La chanson de Nina Simone se focalise sur les violences des suprémacistes faites aux Noirs, celle de Michael Jackson sur les violences policières subies par les minorités raciales. Mais la chanson et, surtout, le clip de Gambino complexifient le tableau : quand on regarde les violences mises en scène, la quasi-totalité des personnes impliquées sont noires, y compris le tueur qui assassine la chorale. Cela n'a pas suffisamment été relevé, mais c'est un des effets les plus corrosifs du racisme. Il distille son poison de façon si profonde, qu'il n'y a même plus besoin des deux protagonistes (Blancs/Noirs), il n'y a plus besoin du dominant qui vient mettre un coup de fouet, il est intériorisé. Fanon l'avait bien vu. Et on le retrouve dans les violences policières aujourd'hui. Comme on l'a vu récemment avec le meurtre de Tyre Nichols, à Memphis au Tennessee, en janvier dernier (2023), passé à tabac par cinq policiers afro-américains au cours d'une arrestation. Affronter le racisme, c'est aussi affronter le poison de la violence que les victimes s'infligent à elles-mêmes, qui est le plus difficile à déraciner.

Conclusion

Comment mettre un terme au racisme ? En arrêtant d'en parler.

Marylin Maeso : Lors d'un entretien, l'acteur afro-américain Morgan Freeman s'est vu poser cette question : « Comment mettre un terme au racisme ? » Freeman n'a pas toujours été la star hollywoodienne qu'il est devenu, disposant de la liberté de choisir les rôles qu'on lui proposait, comme dans *Miss Daisy et son chauffeur* qui lui a donné une reconnaissance internationale ou dans *Million Dollar Baby*, pour lequel il a obtenu l'Oscar du meilleur second rôle (2005). Il a aussi fait l'expérience de rôles typés, réservés aux Noirs, quand le reste de la distribution était ouvert pour les Blancs. Et voici la réponse qu'il fait lorsqu'on l'interroge sur la manière de mettre fin à la prégnance du racisme : « On mettra fin au racisme… en arrêtant d'en parler. » Sous la forme d'une boutade, je pense que c'est une réponse très profonde qui mérite qu'on s'y arrête. Contrairement à ce qu'on pourrait croire, elle n'incite pas à se contenter de faire abstraction de la couleur de la peau, tombant de ce fait dans le biais appelé *colorblindness* (cécité à la couleur). Freeman explique : « Je vais arrêter de vous décrire comme un interviewer blanc, et vous, de me penser comme un acteur noir » – faisant apparaître à celui qui l'interroge qu'il n'a cessé de l'interroger avec ce biais. Voilà une conséquence inattendue, mais très concrète du racisme : les personnes dites « racisées » n'ont pas le droit d'être des personnes. En toute circonstance, et parfois avec les meilleures intentions antiracistes, on les ramène à un groupe, on enjambe leur parcours individuel, on les perçoit comme une sorte de pont pour lancer la discussion sur la communauté qu'elles représentent. Freeman ne demande pas qu'on arrête de faire ces ponts ou de lui poser ces questions. Il souligne simplement qu'on le prive, parce qu'il est noir, du droit d'être interrogé *aussi* comme une personne singulière, sans convoquer systématiquement l'intégralité de l'histoire du peuple noir américain. Subir le racisme, c'est être contraint d'incarner, partout et tout le temps, le groupe dont on est censé être le représentant. Mais Freeman n'oppose pas une alternative entre l'individu et le groupe. Il veut simplement ne pas être « écrasé » par son identité collective. À la fin des *Damnés de la terre*, Frantz Fanon ne dit pas autre chose. Il souhaite ne plus avoir à porter toute l'histoire du peuple noir sur ses épaules. Il souhaite être porteur de son histoire… et de l'histoire de l'humanité. Voilà l'horizon d'attente et de pensée qui est le mien. Ouvrir un mode d'existence non pas postraciste, mais où l'on puisse ménager des moments où l'on met les prismes de côté pour faire émerger les personnes.

Norman Ajari : Je suis assez d'accord avec vous. Mais je voudrais ajouter qu'il ne s'agit pas, selon moi, dans la formule de Morgan Freeman, de considérer que les Blancs auraient le « privilège » d'être des personnes. Cette notion de « privilège blanc », très répandue dans l'antiracisme, m'exaspère, d'ailleurs. Être considéré par les autres comme un individu singulier serait un « privilège » en regard de la situation commune, « normale », de ceux, en grand nombre, qui sont privés de ce privilège, du fait du mépris ou de l'absence de ressources qu'ils subissent. Cela revient à considérer que quand on n'est pas insulté, ou méprisé, on est privilégié. C'est un imaginaire d'Ancien Régime où le privilégié est « en excès » par rapport à la situation commune. Or, être considéré comme une personne ne saurait représenter un privilège excessif. Et j'adhère tout à fait à la réponse de Freeman : il est bon, de temps en temps, d'être interpellé comme un individu. Cela nous arrive à tous, même quand on se plaint d'être victime du racisme, de trouver des lieux, des amitiés, de faire des rencontres qui nous permettent d'être un individu au sein d'une communauté. L'expérience sociale de mépris racial peut nous installer dans une position d'*undercommons*, de « sous-communs », comme dit le philosophe Fred Moten, de communauté souterraine où se tissent des liens inouïs. Faire l'expérience d'une relation proprement humaine peut être l'amorce d'une libération. Quelque chose d'autre apparaît alors possible, grâce à ce rappel à notre dignité. On aimerait que cela ait lieu plus souvent.

Lexique et panorama de la pensée antiraciste

Les concepts essentiels

1. Blanchité

Notion centrale des *whiteness studies*, elle désigne le statut et l'hégémonie sociale, culturelle et politique que procure le fait d'être perçu comme Blanc, ainsi que le processus de construction de l'ignorance blanche qui permet aux Blancs d'ignorer les privilèges que leur apporte leur couleur de peau. Elle ne renvoie donc pas à la couleur de peau objective, mais à la condition sociale des Blancs issue d'un processus politico-historique. Cette notion permet d'appréhender le racisme en s'intéressant à la responsabilité des groupes dominants.

2. *Blackness*

Cette notion renvoie d'abord au fait d'avoir la peau noire en tant que caractéristique physique. Par ailleurs, au sein des départements universitaires d'études afro-américaines, appelées les *black studies*, elle renvoie aux conséquences sociales de ce trait physique, c'est-à-dire à l'identité sociale et culturelle, ainsi qu'à l'ensemble des expériences vécues par les personnes noires du fait de leur couleur de peau.

3. *Black feminism*

Né aux États-Unis dans les années 1960, le « féminisme noir » est un mouvement féministe intersectionnel qui dénonce à la fois le racisme et le sexisme subis par les femmes noires. Il prône une meilleure inclusion de celles-ci dans les mouvements féministes, et met en avant les enjeux spécifiques se trouvant au croisement de ces deux discriminations. Il a permis une remise en cause de l'occidentalo-centrisme qui dominait les mouvements féministes avant son développement. Alice Walker, Angela Davis et bell hooks en sont les figures de proue.

4. *Colorblindness*

Ce terme désigne une politique d'indifférence vis-à-vis de la couleur d'un individu dans le cadre de son accès à des positions sociales ou à des activités. Il se positionne contre la discrimination positive, aux quotas en fonction de la couleur de peau, ou aux statistiques ethniques, car pour les détracteurs de ces pratiques, c'est en traitant tout le monde de la même manière que l'on finira par atteindre une situation égalitaire. L'universalisme républicain français est souvent qualifié de *colorblind* en ce sens.

5. Culturalisme

Doctrine anthropologique qui présente le comportement des individus comme un résultat de leur culture, de leur éducation et de leur socialisation familiale. Elle fut popularisée par Ruth Benedict à travers son essai *Patterns of Culture* (*Échantillons de civilisations*) publié en 1934 et remet en cause l'évidence de certains phénomènes occidentaux, comme l'adolescence ou la différence entre les genres. Le culturalisme est cependant souvent critiqué par sa proximité avec le relativisme culturel, et sa volonté de juger les actes de chacun en fonction de son modèle culturel d'origine, rejetant ainsi l'universalisme.

6. Ethno-différentialisme

Courant de pensée introduit par l'extrême droite néofasciste, pour qui seule la ségrégation géographique permet de préserver les différentes ethnies et cultures. Par filigrane, cette notion soutient l'existence des différences entre les peuples et entre les cultures et maintient donc un « droit à la différence » consistant à isoler et à cloisonner chaque culture. Il prône également la reconnaissance d'un héritage culturel propre à chaque ethnie qui mérite d'être reconnu et protégé par les institutions politiques.

7. Intersectionnalité

Notion de sociologie qui désigne la manière dont les différentes formes d'oppression s'articulent et se renforcent mutuellement. Elle révèle la pluralité des différentes discriminations de classe, de genre, de sexe ou de handicap. Le concept est forgé au sein du mouvement *black feminism*, par la juriste féministe américaine, Kimberlé Crenshaw. Dans un article de droit de 1989, la juriste souligne la difficulté pour les femmes noires à faire reconnaître les discriminations qu'elles subissent au travail. Ce concept s'est étendu à toutes discriminations qui s'entrecroisent : femme/handicapée, maghrébin/homosexuel, etc.

8. Négritude

Notion créée en 1936 par les poètes et hommes politiques Aimé Césaire, Léon-Gontran Damas, et Léopold Sédar Senghor. Elle renvoie à « la simple reconnaissance du fait d'être noir, et l'acceptation de ce fait, de notre destin de noir, de notre histoire et de notre culture » (*Liberté*, Aimé Césaire). Elle a pour but de valoriser l'ensemble des valeurs culturelles du monde noir pour se placer du côté du sentiment des personnes de couleur et faire contrepoids à l'altération de leur identité et de leur histoire.

9. Personne/groupe racisé

La personne ou le groupe d'individus racisés ont subi le processus de racisation. La racisation est un processus collectif, social, politique et mental d'altérisation. Il faut comprendre l'adjectif substantivé « racisé » comme désignant le résultat d'un processus pour éviter toute essentialisation. La personne racisée l'est car elle est assignée à une catégorie raciale donnant lieu à des discriminations du fait d'un racisme structurel. Il ne désigne donc pas une qualité de l'être qui justifierait cet état.

10. Racialisation

Ce terme est introduit par Frantz Fanon qui l'utilise pour la première fois dans son ouvrage *Les Damnés de la terre* (Maspero, 1961). Il désigne le fait d'assigner une identité raciale à un individu ou à un groupe d'individus, produisant des hiérarchies raciales au sein d'une société donnée. La racialisation radicalise les différences entre les individus (sur des critères biologiques, physiques, linguistiques, culturels et religieux) en vue de dominer, d'exploiter ou d'exclure les groupes. En Europe, les catégories raciales ont émergé dès la fin du XVIIIe siècle pour justifier l'exploitation au moment de l'esclavage et de la colonisation.

Les auteurs incontournables de la pensée décoloniale, féministe et antiraciste

1. ANGELOU, Maya (1928-2014)

Icône de la lutte pour les droits civiques, figure emblématique de la vie culturelle et politique américaine, écrivaine, poète, professeure d'université, scénariste, actrice, essayiste… Son premier livre autobiographique, *Je sais pourquoi chante l'oiseau en cage* (1969), qui raconte son expérience de femme noire aux États-Unis, lui vaut une renommée nationale. En 1960, elle s'engage dans le Mouvement afro-américain, lutte au côté de Mandela en Égypte, rencontre Malcolm X et Martin Luther King. Elle reçoit une douzaine de prix prestigieux et une cinquantaine de diplômes honorifiques, dont la médaille présidentielle pour la Liberté en 2010, l'une des plus hautes distinctions américaines. Son poème le plus connu, *Still I Rise*, est encore aujourd'hui un étendard de la lutte du peuple noir aux États-Unis.

2. ANTÉNOR FIRMIN, Joseph (1850-1911)

Homme politique haïtien, pionnier du panafricanisme, premier anthropologue noir, il écrit *De l'égalité des races humaines* (1885) et conteste le livre de Gobineau, *Essai sur l'inégalité des races humaines* (1853), qui justifiait la supériorité de la race aryenne et l'infériorité noire. Il affirme la présence de Noirs africains dans l'Égypte pharaonique et leur rôle dominant. Candidat à la présidentielle en 1902 à Haïti, il proclame l'importance de « servir à la réhabilitation de l'Afrique ».

3. BALIBAR, Étienne (né en 1942)

Philosophe français, professeur émérite à l'université Paris-Nanterre, il a écrit, avec Immanuel Wallerstein (1930-2019), *Race, nation, classe* (La Découverte, 1988). Cet ouvrage souligne que le racisme, loin d'être en régression, progresse dans notre monde contemporain. Balibar est exclu en 1981 du Parti communiste pour avoir révélé publiquement son racisme sous-jacent. Il défend également la thèse de l'« ethnicisation de la force de travail », selon laquelle le capitalisme est intrinsèquement raciste, et réfute l'« universalisme bourgeois » qui alimente l'exclusion, la domination et les agressions racistes. Le racisme n'est donc pas un accident de notre histoire, mais est interne à son développement. Étienne Balibar est l'auteur d'une œuvre conséquente dont nous pouvons citer les récents volumes : *Histoire interminable. D'un siècle à l'autre, écrits I* et *Passions du concept. Épistémologie, théologie et politique, écrits II* (La Découverte, 2020) ainsi que *Cosmopolitique. Des frontières à l'espèce humaine, écrits III* (La Découverte, 2022).

4. BELL, Derrick (1930-2011)

Éminent juriste américain, écrivain prolifique et défenseur de l'égalité juridique, il est un professeur et un militant des droits civiques américains. Il a contribué à développer « la théorie critique de la race ». Un de ses ouvrages, *Race, Racisme and American Law* (1970), est un incontournable des facultés de droit, qui explore la manière dont le racisme est intégré dans les lois et les institutions juridiques aux États-Unis. Il travaille pour le ministère américain de la Justice, puis pour un organisme américain de défense des droits civils, où il supervise la déségrégation scolaire dans le Mississippi.

5. CASTRO-GÓMEZ, Santiago (né en 1958)

Philosophe colombien, figure de la pensée décoloniale, il enseigne à la Pontificia Universidad Javeriana de Bogotá. Il participe à la fondation du groupe Modernité/Colonialité (M/C), collectif latino-américain de pensée critique, dont fait aussi partie Ramón Grosfoguel*. Dans son ouvrage publié en 2019, *Le Fou et les Scélérats. Notes pour un républicanisme transmoderne*, il revient sur l'héritage du groupe M/C dans les gouvernements progressistes d'Amérique latine. S'il critique l'universalisme occidental, il ne rejette pas l'idée de valeurs universelles, contrairement à nombreux de ses contemporains.

6. CÉSAIRE, Aimé (1913-2008)

Écrivain et homme politique français, il est l'un des fondateurs du mouvement de la « négritude » à travers ses textes publiés dans la revue *L'Étudiant noir* (fondée en 1935), célébrant la culture africaine dévalorisée par le racisme et le colonialisme. Normalien, il écrit la pièce de théâtre *Une tempête* (1968), réécriture postcoloniale de la pièce *La Tempête* de Shakespeare. Il s'engage en politique auprès du Parti communiste, mais s'en éloigne après le rapport Khrouchtchev, et porte ses idées en tant que député de la Martinique et maire de Fort-de-France.

7. DEPESTRE, René (né en 1926)

Poète et romancier haïtien, il est proche du panafricanisme, et écrit dans la revue *Présence africaine*. Impliqué dans les mouvements décoloniaux marxistes, il se voit contraint de quitter Haïti à l'arrivée au pouvoir d'une dictature militaire. Étudiant à la Sorbonne, il est expulsé de France à cause de son engagement politique. Il part alors soutenir le régime de Che Guevara à Cuba, avant d'en critiquer le manque de liberté d'expression et de s'enfuir. Revenu en France, il reçoit le prix Renaudot en 1988 pour son roman *Hadriana dans tous mes rêves* (Gallimard, 1988).

8. DU BOIS, W. E. B. (1868-1963)

William Edward Burghardt Du Bois, dit « W. E. B. Du Bois », est un sociologue, historien, militant américain pour les droits civiques des Afro-Américains. Secrétaire du premier Congrès panafricain, tenu à Paris en 1900, il en devient une figure centrale. Son œuvre majeure, *The Souls of Black Folk* (*Les Âmes du peuple noir*, 1903), rassemble plusieurs de ses articles phares et évoque la situation raciale aux États-Unis. Il y développe l'idée du Noir comme « septième fils » de l'humanité, ainsi que la possibilité d'être à la fois « nègre et américain ». Il est le premier Noir à obtenir un doctorat à Harvard.

9. EBOUSSI, Boulaga Fabien (1934-2018)

Écrivain, philosophe et théologien camerounais, spécialiste de la décolonisation du savoir, il considère l'ethnologie et l'anthropologie comme des « sciences coloniales », et remet en cause l'universalisme occidental. Il publie son premier ouvrage, *La Crise du Muntu*, en 1977, alors qu'il est encore prêtre jésuite. Après avoir quitté les ordres, il écrit *Christianisme sans fétiche* (Présence africaine, 2000), qui offre « une reprise africaine du christianisme ». Il devient ensuite professeur de philosophie à l'université de Yaoundé au Cameroun.

10. GROSFOGUEL, Ramón (né en 1956)

Sociologue et théoricien politique portoricain, il enseigne les études latino-américaines à l'université de Berkeley (Californie). Auteur d'ouvrages sur la pensée postcoloniale et les mouvements migratoires, il défend l'idée d'un lien structurel entre modernité et colonialisme. Son livre *Colonial Subjects. Puerto Ricans in a Global Perspective* (« Sujets coloniaux. Une perspective globale des Portoricains », University of California Press, 2003, non traduit) montre que le processus de décolonisation n'a pas empêché l'hégémonie de l'eurocentrisme. Il propose un « tournant décolonial » à travers une décolonisation du savoir, mettant en évidence le rôle de l'université dans la déconstruction de systèmes de connaissances oppressifs.

11. GUILLAUMIN, Colette (1934-2017)

Sociologue française et militante antiraciste, Colette Guillaumin est une théoricienne importante des mécanismes du racisme, du sexisme et des rapports de domination. Ethnologue et psychologue de formation, elle soutient en 1969 une thèse de doctorat intitulée *Un aspect de l'altérité sociale. Le racisme : genèse de l'idéologie raciste et langage actuel*. Elle est la première à introduire le terme « racisé » (dans son ouvrage *L'Idéologie raciste. Genèse et langage actuel*, Mouton, 1972). Elle est aussi l'une des premières à avancer que la notion de « race » ne s'appuie sur aucun critère scientifique, et à déconstruire les discours essentialistes qui légitiment les discriminations.

12. HAGE, Ghassan (né en 1957)

Anthropologue libano-australien, ses travaux portent sur le racisme, l'islamophobie et le nationalisme. Professeur à l'université de Melbourne, il met en lien le racisme et la destruction de l'environnement, à travers son livre *Le Loup et le Musulman. L'islamophobie et le désastre écologique* (Wildproject, 2021), qui reposent sur une volonté commune de « gouverner l'ingouvernable ». Influencé par son propre parcours, il s'intéresse au « fantasme de la suprématie blanche » dans les sociétés multiculturelles, étudiant le cas de la diaspora libanaise.

13. HOOKS, bell (1952-2021)

De son vrai nom Gloria Jean Watkins, bell hooks est une écrivaine, militante et intellectuelle afro-américaine et figure de proue du mouvement *black feminism*. Consternée par l'invisibilisation des femmes noires dans les programmes universitaires, elle écrit à 19 ans son premier essai intitulé *Ain't I a Woman?* (*Ne suis-je pas une femme ? Femmes noires et féminisme*) (1981), dans lequel elle décrit le processus de marginalisation des femmes noires, les effets du racisme et du sexisme. Elle a publié ensuite de nombreux autres ouvrages dont certains sont désormais disponibles en français comme *La Volonté de changer. Les hommes, la masculinité et l'amour* (Éditions Divergences, 2021) ou *À propos d'amour* (Éditions Divergences, 2022).

14. MALDONADO-TORRES, Nelson (*date de naissance inconnue*)

Philosophe portoricain, influencé par Frantz Fanon et Emmanuel Levinas, membre du groupe Modernité/Colonialité, Maldonado-Torres est professeur à la Rutgers University, dans le New Jersey. Dans ses écrits, et notamment dans son ouvrage

Against War (« Contre la guerre », Duke University Press Books, 2008), il critique la modernité occidentale et propose une éthique décoloniale ancrée dans la décolonisation du savoir. Il dénonce le *colorblindness* et l'insuffisance de la représentation des personnes « racisées » dans le monde politique comme dans la lutte contre le racisme.

15. FANON, Frantz (1925-1961)

Psychiatre, essayiste et militant anticolonialiste, Fanon est un pionnier des études postcoloniales et un penseur critique des « identités noires ». Originaire des Antilles, né en Martinique et installé en France, Frantz Fanon a parlé du racisme à travers sa propre expérience. Son premier essai, *Peau noire, masques blancs* (Seuil, 1952), tiré de son doctorat de psychiatrie, questionne les notions d'identité et d'assimilation. Son deuxième essai, *Les Damnés de la terre* (Maspero, 1961), préfacé par Jean-Paul Sartre, dresse une critique du colonialisme dans un contexte de guerre pour l'indépendance de l'Algérie.

16. ADOTEVI, Stanislas Spero (né en 1934)

Philosophe béninois et homme politique, il a exercé des fonctions à l'Unicef. Sa thèse, en anthropologie, porte sur l'impact de la colonisation et les conséquences des pratiques ethnocidaires du système colonial en Afrique. Dans son ouvrage *Négritude et Négrologues* (1972), il admet l'utilité du concept de négritude, qui facilite une prise de conscience du peuple noir, mais critique son instrumentalisation à des fins politiques. Il a également étudié les mécanismes idéologiques qui ont conduit l'Afrique vers la marginalisation économique.

17. TOWA, Marcien (1931-2014)

Critique de Senghor et de l'ethno-philosophie, Marcien Towa est un philosophe camerounais. Ses œuvres les plus célèbres sont *Léopold Sédar Senghor : négritude ou servitude ?* (Éditions CLE, 1971), dans laquelle il critique vivement le concept de la « négritude » de Senghor à cause du fait qu'il légitimerait la domination et tracerait une confusion entre le biologique et le culturel ; et *Essai sur la problématique philosophique dans l'Afrique actuelle* (Éditions CLE, 1971), qui conceptualise l'« ethno-philosophie », terme péjoratif, pour désigner la volonté de faire surgir du passé une expression culturelle s'opposant à l'impérialisme et au racisme, mais manquant d'objectivité et de recul critique sur la culture.

18. WEIZMAN, Illana (née en 1984)

Sociologue, autrice et militante féministe franco-israélienne, elle appelle à faire converger toutes les luttes antiracistes. Dans son livre *Des Blancs comme les autres ? Les Juifs, angle mort de l'antiracisme* (Stock, 2022), elle montre que les discriminations envers les Juifs correspondent au même système raciste dont sont également victimes les populations noires, asiatiques, etc. Allant de l'insulte sur les traits physiques au meurtre, la seule différence entre ces deux types de discriminations est que celle qui concerne les Juifs s'attaque aussi au stéréotype faisant de ces derniers des êtres privilégiés.

19. WILLIAMS CRENSHAW, Kimberlé (née en 1959)

Juriste américaine, passée par les écoles de droit de Columbia et Harvard, elle a développé le concept d'intersectionnalité en 1989. Ses recherches portent sur le *black feminism*, le concept de race, et leurs liens avec la discipline du droit. Directrice du think tank Forum politique afro-américain, elle donne des conférences à l'ONU pour présenter l'intersectionnalité aux représentants internationaux. Elle milite également pour une meilleure visibilité des affaires de violences policières faites aux femmes au sein du mouvement *Say Her Name*.

Les auteurs

MARTIN LEGROS est philosophe, journaliste et rédacteur en chef de *Philosophie magazine* et de Philomag.com. Diplômé de l'Université libre de Bruxelles et de l'École des hautes études en sciences sociales (EHESS) de Paris, il a été chercheur au Fonds national de la recherche scientifique (FNRS), mais aussi lecteur et chroniqueur pour l'émission *Le Bateau livre* sur France 5. Il a notamment publié un livre d'entretiens avec Michel Serres, *Pantopie* (Le Pommier, 2014), et un dialogue entre Alain Badiou et Marcel Gauchet intitulé *Que faire ?* (Philosophie magazine Éditeur, 2014). Depuis 2020, il coordonne la collection « 20 Penseurs pour… » publiée tous les ans chez Philosophie magazine Éditeur.

MARYLIN MAESO est philosophe et enseignante. Normalienne et agrégée, spécialiste de Camus, elle travaille sur l'essentialisme et la philosophie contemporaine et ne cesse de dénoncer dans l'espace public le fanatisme, l'intolérance et la xénophobie. Elle est l'autrice des *Conspirateurs du silence*, des *Lents Demains qui chantent*, de *L'Abécédaire d'Albert Camus* et de *La Petite Fabrique de l'inhumain* (Éditions de l'Observatoire, 2018, 2020 et 2021).

NORMAN AJARI est docteur en philosophie, enseignant à l'université d'Édimbourg en Écosse, spécialiste de Frantz Fanon et ancien membre du Parti des indigènes de la République. Auteur de *La Dignité ou la Mort. Éthique et politique de la race* (La Découverte, 2019), il se revendique de la pensée « décoloniale » et de la « théorie critique de la race » et veut faire de l'identité noire un objet politique. Son dernier livre s'intitule *Noirceur* (Éditions Divergences, 2022).

Cet ouvrage a été achevé d'imprimer
par l'Imprimerie NRI SAS à Lonrai en avril 2023
Numéro d'impression : 2300342
Dépôt légal : avril 2023
Imprimé en France